本书为国家自然科学基金"CEO-TMT交互视角下CEO注意力焦点对新创企业商业模式创新的影响机理研究"（72002203）、浙江省自然科学基金"大数据分析能力对中小企业商业模式创新的影响机理研究——基于社会网络视角"（LO20G020018）研究成果。

克服组织惯性

商业模式创新的实现路径

廖素琴 著

OVERCOMING ORGANIZATIONAL INERTIA:
THE PATH TO IMPLEMENTBUSINESS
MODELINNOVATION

ZHEJIANG UNIVERSITY PRESS

浙江大学出版社

·杭州·

图书在版编目(CIP)数据

克服组织惯性：商业模式创新的实现路径 / 廖素琴
著. —杭州：浙江大学出版社，2023.11
ISBN 978-7-308-24414-5

Ⅰ．①克… Ⅱ．①廖… Ⅲ．①商业模式—研究 Ⅳ．
①F71

中国国家版本馆 CIP 数据核字(2023)第 225884 号

克服组织惯性:商业模式创新的实现路径
KEFU ZUZHI GUANXING:SHANGYE MOSHI CHUANGXIN
DE SHIXIAN LUJING
廖素琴　著

策划编辑	吴伟伟
责任编辑	丁沛岚
责任校对	陈　翩
责任印制	范洪法
封面设计	雷建军
出版发行	浙江大学出版社
	(杭州市天目山路 148 号　邮政编码 310007)
	(网址:http://www.zjupress.com)
排　版	浙江大千时代文化传媒有限公司
印　刷	杭州宏雅印刷有限公司
开　本	710mm×1000mm　1/16
印　张	11.5
字　数	150 千
版 印 次	2023 年 11 月第 1 版　2023 年 11 月第 1 次印刷
书　号	ISBN 978-7-308-24414-5
定　价	68.00 元

目 录

第一章　绪　论

第一节　研究背景

一、现实背景

互联网＋时代下,信息技术的不断变革引领着经济社会的飞速发展,并进一步拓展了企业交易方式的外延,传统的交易方式开始与新技术和新渠道相结合,衍生出新的交易方式,继而奠定了商业模式创新的基础。商业模式的创新给企业竞争带来了更加激烈的挑战,促使企业竞争由个体转向整个交易网络,这表明能否成功实施商业模式变革在一定程度上决定着企业能否获得竞争优势。基于以下原因,本书认为研判商业模式创新路径尤为重要。

(一)经济新常态背景下,商业模式创新势在必行

2014 年 11 月 9 日,国家主席习近平在亚太经合组织(APEC)工商领导人峰会上发表重要讲话,明确指出中国经济保持稳定发展态

势,呈现出新常态。① 也就是说,在中国发展的历史进程中,经济发展已经进入新阶段、处于新时期、出现新变化、产生新趋势,可以高度概括为经济发展进入新常态。认识新常态,适应新常态,引领新常态,是当前和今后一个时期我国经济发展的大逻辑。新常态强调各个方面的转变,例如消费需求从传统消费阶段转为个性化和多样化的消费,强调产品质量和创新性;投资需求从传统行业向新技术、新业态、新商业模式的行业聚集;产业组织与生产能力在供过于求的情况下亟待进行产业结构升级,新技术与小微企业等开始成为市场的主角。加之资源环境的约束逐渐增强,经济风险不断积累和化解,我国新常态下的经济形态逐渐趋于合理,社会分工日益复杂。2015 年政府工作报告中强调要推动大数据、云计算和互联网金融等与现代制造业柔性结合。这不仅表明,在我国经济发展新常态下,传统行业与互联网产业之间的深入融合是必然的,也表明各个行业需要充分思考并深刻认识互联网背景下的商业模式变革,以此认识新常态、适应新常态,最终成为引领新常态的主力,抢占新常态时代下的战略制高点。

首先,"互联网+"成为新常态下创新驱动的基本模式,这加速了各行业之间的相互渗透,促使电商企业迅速崛起,也引领了新型零售商业模式的发展。一些商业模式的新兴形态迅速与市场融合,成为当前的主流商业运营形态,包括共享经济,网络协同、众筹与互联网交易等。这些全新的商业运营机制不仅带动了新的组织类型和组织关系模式的产生,同时也改变着企业与其利益相关者之间的关系,客户对企业产品与服务创新的作用也日渐增强,产品需求也越来越趋向于多样化和特质性,消费者与企业之间的价值链变得日益重要。传统的商业模式主要以提供产品和服务为核心,以通过为用户创造价值获取收

① 参见《习近平出席亚太经合组织工商领导人峰会开幕式并发表主旨演讲》,《人民日报》2014年 11 月 10 日。

益为最终目标,其运营机制是价值在价值链上的单向移动。互联网的快速发展推动企业衍生出基于双边市场的双向价值链,企业的生产模式、服务模式、运营模式以及组织管理都受到了较大的冲击。企业亟须对组织内部进行再造和重构,进行大范围的商业模式变革。

其次,作为新常态的另一大特征,信息技术的快速传播促使企业追求更高效率。京东、阿里巴巴等互联网企业的崛起,以及云计算技术的迅速发展掀起了以大数据为核心的技术革命,企业在复杂的信息和动荡的市场环境中,对运营和创新效率产生了更大的需求。技术传播速度越快,企业被追赶的风险越大,为了抢占市场、获取竞争优势、实现长远发展,企业最本质的要求是实现自身的差异化。企业实现自身的差异化主要依靠产品和服务创新,然而产品和服务的创新容易被追赶与模仿,无法产生持久的差异化。相较之下,商业模式创新的过程需要企业明确商业模式变革的目标,注重商业模式对市场的反应及模式优化,并且采取行之有效的措施及时纠正新的商业模式产生的问题,改进创新策略,提升创新效率,降低运营成本,扩大收益空间,帮助企业获取长远的竞争优势。因此,商业模式创新有助于企业获取难以被模仿的竞争力,提升创新效率。

(二)商业模式创新动力不足

尽管商业模式创新已成大势所趋,但就现有商业模式创新的发展路径而言,当前商业模式创新仍然存在创新动力不足、失败率较高的问题。从宏观层面上看,依据传统的经济发展路径,政府的首要抓手是工业和投资,以工业发展为经济基础,以固定投资为后备推力,以重大项目为经济引擎。如今政府面临从以项目为抓手转向以服务为抓手的情境,且尚未做好充分的准备,仍需摆正自己的位置。另外,政府对创新氛围的营造仍然集中在北上广深等超一线城市,这些地区的政策体系较为完善,政府服务能力强,与国际接轨的程度较高,企业创新有足够的引导基金和风险投资支持。但我国大部分地区的创新氛围仍然淡薄,尤其是中小微企业聚集地,创业资源不足,政府政策支持力度也远远不足。

从企业内部看,企业对商业模式创新的认知仍然停留在表面,不仅没有理解商业模式创新的内涵,面对外部技术冲击也缺乏敏锐的风险意识。传统行业的企业家对互联网衍生出的新技术、新平台、新产品的接触意识不强,甚至较为排斥,传统观念过于牢固。此外,企业进行商业模式创新的手段单一,多数企业仍然以低价竞争为主要手段,与消费者需求的价值主张严重脱节。一些企业在推广新技术、新产品时仍然采用传统的营销模式,商业模式创新缺乏内推动力。综上,新经济背景下,商业模式创新是大势所趋,企业如何促进商业模式创新,商业模式创新的动力在哪儿,这些都亟须管理实践积极探索。

二、理论背景

学者们对商业模式的研究,起源于对商业模式的定义,随后发展为分析和解读构成商业模式的主要元素,详细解读这些组成元素,并且试图通过数理模型解释商业模式。商业模式最早被认为是信息技术背景下为建模而进行的系统操作相关的一系列活动(Yu et al.,1996)。20世纪90年代,战略学家与企业家将商业模式的概念进一步具体化,将其定义为企业整体的业务流程以及流程之间的相互作用(Zott et al.,2011)。Teece(2010)认为商业模式是企业创造、传递与获取价值的组织架构设计。尽管现有研究对商业模式的定义不尽相同,但学者们对商业模式的核心组成则形成了较为统一的认知,即企业价值主张、市场细分以及价值链结构是企业实现价值主张、价值获取、资源整合的必要条件(Saebi et al.,2015)。依据基本定义,学界普遍认为商业模式创新能够帮助企业重塑产业结构,发现新的价值主张,重构交易方式,产生新的价值增长点,从而帮助企业获取竞争优势,实现长远发展。与产品创新和技术创新不同,商业模式创新能够更快更高效地满足顾客的多样化、个性化需求(Chesbrough,2007;Foss et al.,2017a)。然而,现有研究中对商业模式创新形成机理的探讨仍然没有形成系统,同时也存在一定层面上的缺失,导致商业模式创新在理论和实践上的解释力度减弱。总结起来,当前商业模式创新的研究仍处于早期阶段,研究主要呈现以下三个特征。

第一,在商业模式创新的内因探索中,少有文献涉及组织特定领导模式的认知和具体行为作用。商业模式创新初始于价值主张的改变,进而引起价值创造、价值获取方式的转变。Martins 等(2015)认为商业模式创新是一个内部驱动改变的过程,商业模式创新起始于高管团队的认知,企业通过决策进行资源整合、战略规划和执行,以实现商业模式创新。企业领导者的认知对战略行为的重要性早已被广泛认可(Waldman et al.,2001;Carson et al.,2007),商业模式创新价值主张的转变离不开对外部机会的识别,这种识别又依赖于领导者的认知和具体行为的执行。其中领导者谋划能力(Doz et al.,2010a)、领导者对外部机会和威胁的感知能力(Martins et al.,2015),以及领导者的战略部署(Foss et al.,2014)等在商业模式创新过程中都起到了关键性的作用。然而当前学界对商业模式与具体领导行为关系的研究仍有缺失,对何种领导模式更有利于推进商业模式创新,具体的驱动机理又是什么鲜有涉及(Lindgren,2012;Foss et al.,2014)。值得注意的是,少有的几篇将领导行为与商业模式创新联系起来的研究,也只是关注了高管团队的具体行为和感知因素,忽略了垂直领导模式存在的认知惯性。

第二,对商业模式创新的内部资源和能力推动的探究较为分散,未形成系统的框架。对前因的探究集中在组织资源与能力上,外界变化因素的影响作为导引固然是商业模式创新的契机,但成功的商业模式重构涉及企业内部多方面、全方位的整合和运筹,与企业内部资源和组织能力息息相关(Achtenhagen et al.,2013)。现有研究重点关注企业动态能力通过及时回应外部环境变化推动资源的及时重构和整合(Markides et al.,2004;Ricciardi et al.,2016),缺乏对企业内部资源和组织能力的系统梳理,忽略了它们与商业模式之间的重要逻辑关系,导致商业模式创新的研究受到掣肘。当前商业模式创新研究中,多将组织内部资源分开讨论,例如领导认知(Foss et al.,2014)、创业整合能力(Guo et al.,2016)等。然而资源基础观以及动态能力理论指出,企业异质性、有价值的资源离不开动态能力的整合,两者之间的结合更加有助于企业保持长期竞争优势。

第三,现有研究多从单一的线性关系考察商业模式创新前因的驱动机理,忽略了各因素之间的交互关系及配置组合。学者们普遍认为商业模式创新是企业进行转型升级、保障实业长青的关键因素(Chesbrough,2010;Karimi et al.,2016)。因此商业模式创新的前因开始受到关注。商业模式创新不仅是企业某个环节的变革,也是企业整体运营流程的转换,这意味着企业需要对各个层面上的资源和能力进行整合与重组(Gerasymenko et al.,2015)。Chesbrough(2010)指出商业模式创新过程中面临着一系列的阻碍,包括领导认知惯性、组织惯性制约下原商业模式与新商业模式之间的冲突以及外部风险的加剧。这表明商业模式创新不是一个静态的组织架构,而是一个优化、整合并重组资源的复杂过程(Teece,2010)。因此商业模式创新的内部驱动因素,应该分布在企业的各个层次,相互融合,相互作用。以往研究对前因因素的分析大多停留在简单的线性关系上,单纯地考察个别因素对商业模式创新的线性影响。Kraus 等(2017)指出商业模式创新这个复杂的过程需要运用多层次模型配置方法来考察其潜在的驱动因素。现有研究已经意识到对商业模式创新影响因素的综合构型配置作用的忽视,并且基于配置理论和权变视角呼吁对不同层面的驱动因素给予更多的关注。因此,对可能导致商业模式创新的各个前件因素的配置构型进行分析,考察商业模式创新的必要或充分条件组合,有助于深化对商业模式形成机理的认知。

第二节 研究问题

根据以上分析,商业模式创新对企业可持续发展和社会经济有至关重要的作用,然而理论界对商业模式创新的驱动因素缺乏深入的研究。本书将从商业模式创新过程中的组织惯性这一制约因素出发,引入分布式领导、组织敏捷性、机会识别、开放式创新等组织内部重要的概念,探讨如何克服商业模式创新过程中遇到的组织惯性。其中,分布式领导与机会识别主要帮助解释何种领导实践模式有助于克服商业模式创新初期面临的认知惯性;组织敏捷性考察了领导行为和机会识别行为在何种外部边界作用下能够更大程度地影响商业模式创新,还能够促使更好理解商业模式创新及时响应外部环境变化,迅速调整资产整合资源进行商业模式创新的机制;开放式创新有助于阐述商业模式创新过程中面临资源不足时采取资源获取方式的依据。归纳起来,本书主要研究如下问题:

第一,从领导认知惯性的视角出发,考察企业领导模式如何克服认知惯性推进商业模式创新(分布式领导模式如何影响商业模式创新)。作为企业的重要战略,商业模式创新受领导决策的直接影响。企业实施商业模式创新,最先应当识别外部市场是否存在商业机会

(Amit et al.，2010;Chesbrough，2010)，随后判断这些商业机会是否能够为企业所用。通过对商业机会的详细诊断,企业才能及时把握和利用商业信息调整利益相关者网络结构,并调动商业模式各主体,从而创造出更高的价值(Amit et al.，2012)。鉴于此,对动态环境中外部机会的正确把握是商业模式创新的重要一步,领导者准确识别外部商业信息有利于企业整合内部结构,调整战略执行步骤。然而基于认知理论,个人的认知范围和程度往往是有限的,并且存在有限理性(Helfat et al.，2009)。面对不确定的外部环境时,企业管理者在决策过程中会比较依赖以往经验和行动流程,有限的认知会促使他们形成自己的环境心理模型,"有限理性"将会限制他们决策的合理性(Casadesus-Masanell et al.，2013)。当前有关领导行为的研究指出,分布式领导实践模式能够有效地克服高层管理者决策中的认知限制,对企业创新战略的执行有重要的影响作用(Beyciogluet al.，2011;Kondakci et al.，2016)。因此本书将引入分布式领导实践方式,探究其如何克服高层领导者认知制约促进商业模式创新,并通过数据分析给予实证研究。

第二,从资源与路径依赖视角出发,探讨开放式创新如何克服资源和路径依赖进而对商业模式创新产生影响(开放式创新与组织敏捷性如何推进商业模式创新)。企业重构商业模式需要寻找新的业务逻辑,以及为其利益相关者创造更高价值的新方法(Casadesus-Masanell et al.，2013),这关乎企业一系列的运作流程。因此,为了实现商业模式创新,企业必须与外部利益相关者建立一个跨边界的业务网络,以有效利用机会和捕获价值(Guo et al.，2017),这些操作离不开企业资源与能力的重新配置。因此,商业模式创新很大程度上依赖于企业内部能力和资源的利用(Zott et al.，2010)。资源限制理论强调,企业创新过程中经常受到内部有限资源的制约,包括材料、资金、人才等方面的不足,这些资源的不足直接弱化了企业的整合能力(Wei et al.,2017)。创新战略研究提出,开放式创新能够帮助企业获取更多有效的资源进而提升创新效率(Sisodiya et al.,2013;Brunswicker et al.,2015)。鉴于此,本书将从克服资源与路径依赖的视角出发,基于资源基础观与动态能力理论探究开放式创新、组织敏捷性与商业模式创新之间的关系。

第三,基于权变理论与构型理论,考察外部动态环境下,企业分布式领导、开放式创新及组织敏捷性推动商业模式创新的配置组合路径。商业模式是组织价值创造的一种逻辑,涉及企业运营过程中的各个环节,面临的制约因素也层出不穷。Chesbrough 等(2002)指出,有别于技术创新与产品创新,商业模式创新的驱动因素遍布组织的不同层次,并且相互作用。Doz 等(2010a)从企业能力视角出发,指出组织中有三种元能力能够促进商业模式创新,即领导团结性、战略敏感性及资源流动性。也有学者强调商业模式创新过程的有效管理依赖于领导的动态决策(Smith et al.,2010)。这些研究大多从组织内部某个单一层次出发,讨论它们之间的线性和对称关系,忽略了各种驱动因素之间相互依赖的关系。事实上,企业各个层次是相互关联的,在各司其职的情况下也是相互作用的。Kraus 等(2017)指出,商业模式创新研究中缺乏对内外部前因变量之间配置组合的考量。基于此,本书引入模糊集定性对比分析法(fsQCA),在对商业模式创新驱动因素分析的基础上,进一步对关键驱动因素进行构型分析,探讨领导力和资源能力之间相互依赖关系对商业模式创新的影响,并给出促进商业模式创新的最优条件组合。

第三节　研究思路和技术路线

　　基于上述研究背景及具体研究问题,本书基于组织惯性的视角,引入领导实践模式、组织资源获取和能力整合各项因素,探究它们促进商业模式创新的具体机制及各因素之间的构型配置关系。首先,本书结合商业模式创新的现实与理论背景,提出本书的具体研究问题。其次,通过对国内外相关文献的梳理,确认本书的研究内容和具体逻辑:一是在对商业模式创新过程分析的基础上,找出商业模式创新的认知制约因素,并在此基础上,从认知惯性的视角上考察分布式领导实践模式对商业模式创新的作用与机制;二是进一步从组织内部资源有限性和路径依赖的角度探究开放式创新、组织敏捷性对商业模式创新的作用机理;三是采用模糊集定性对比分析法考察不同前因要素的配置组合对商业模式创新的影响机制。本书具体技术路线如图1.1所示。

第四节　研究内容与研究方法

一、研究内容

　　针对以上研究问题,本书分六章进行阐述,具体安排如下。

　　第一章为绪论。本章是研究的基础部分,在分析现实与理论背景的基础上,提出了具体且有意义的研究问题。随后针对研究问题提出合理的研究技术路线,选择科学的研究方法,最后给出本书可能的创新点。

　　第二章为理论基础和文献综述。本章是研究的理论基础,对研究中所涉及的相关概念进行了清晰的界定,并在此基础上对相关研究成

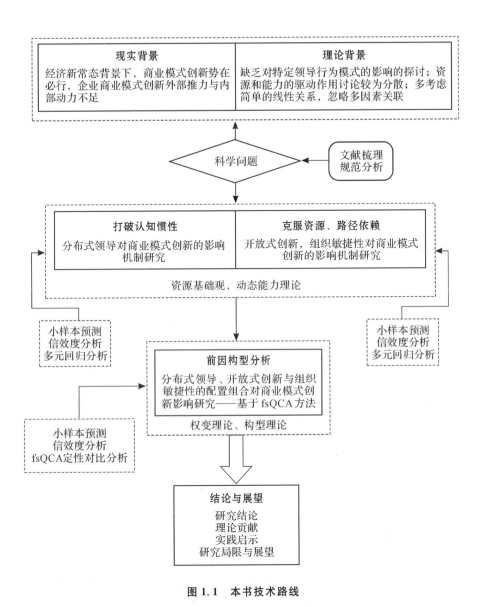

图 1.1 本书技术路线

果进行系统梳理,明晰变量之间存在的合理关系,为后续研究模型的构建夯实理论基础。

第三章为分布式领导对商业模式创新的影响机制研究。本章从商业模式创新面临的认知惯性的挑战出发,考察了分布式领导是如何克服认知惯性、强化组织内部的认知柔性与复杂性,进而提升机会识别能力,推动商业模式创新的。同时,为了进一步考察影响分布式领导有效性的情景因素,本章基于动态能力理论,将组织敏捷性考虑为内部能力情景。

第四章为开放式创新、组织敏捷性对商业模式创新的影响机制研究。本章考虑了商业模式创新过程中面临的资源限制及路径依赖,分析了两类开放式创新和两种形式的组织敏捷性促进商业模式创新的具体路径,同时梳理了开放式创新与组织敏捷性之间的关系。

第五章为分布式领导、开放式创新与组织敏捷性配置组合对商业模式创新的影响研究——基于 fsQCA 方法。本章基于权变理论和构型理论,考虑商业模式创新的复杂程度及覆盖范围的广度,对前文验证的核心驱动因素进行了模糊集定性比较分析,探讨了分布式领导模式、开放式创新与组织敏捷性在外部动态环境的情境因素下推动商业模式创新的不同架构类型,最终得出实现商业模式创新的最优前因因素的配置组合。

第六章为结论和研究展望。本章在总结前述研究结论的基础上,阐述了研究的理论意义、实践意义,以及当前的研究局限和未来的研究方向。

二、研究方法

根据研究内容,本书将运用多种研究方法进行深入剖析。主要遵循"文献梳理与分析—提出假设—问卷调查—实证分析验证—得出结论"的研究逻辑,翔实考察如何克服组织惯性实现商业模式创新。

(一)文献研究法

文献综述部分是本书的理论基础,主要采用了文献研究法。本部分的主要目标是对国内外文献进行系统梳理,并清晰界定各个核心概念。基于此研究目的,本部分通过文献研究法给出了相关概念的核心定义,梳理了概念的理论发展与彼此间的合理联系,提出了商业模式创新过程中所面临的各种挑战,为本书的研究框架打下了基础。

（二）问卷调查法

依据研究内容的安排,本书的主体部分采用了实证检验的方式,因此进行数据实证检验之前,需要收集足够样本量的数据来保证研究的科学性。基于研究概念的主观性,以量表形式进行资料收集的问卷调查法较为切合研究目标。在借鉴已有量表的基础上,本书对量表进行了文化差异性修正,确保回收数据的真实性和可靠性。本书主要通过网络发放问卷的形式,邀请研究对象进行问卷填写,通过回收的问卷进行分析研究。

（三）实证研究法

文献研究法主要用来构建概念模型。通过问卷调查法观察并收集到所需数据后,就可以提出科学假设,阐述各个概念之间的具体联系,分析问卷量表的信效度以及共同方法偏差,进而采用实证研究法对所得数据进行统计检验,考察和验证概念模型的合理性,分析各变量之间的因果关系。本书主要采用回归分析和构建结构方程模型两种实证研究方法,来增加研究结果的稳健性。

（四）模糊集定性对比分析法（fsQCA）

本书的研究目的是考察各种商业模式创新驱动因素相互作用的复杂动态过程,寻求商业模式创新的最佳路径。区别于传统统计分析法对自变量和因变量的净效应的考量,fsQCA 将一系列要素视为前因因素,探究导致结果产生的多项原因条件的构型,它综合了定性分析和定量分析的核心思想,通过子集分析的校准过程,可以理清商业模式创新形成的必要或充分条件。

第五节　可能的创新点

第一，从认知惯性出发，揭示了分布式领导模式下商业模式创新的具体机制，为商业模式创新提供了新型领导模式的实现路径，并且拓展了分布式领导的研究范围。先前研究指出组织在商业模式创新过程中面临着较大的冲突和挑战（Chesbrough，2010；Guo et al.，2016），对领导行为的研究能够促进商业模式创新实践（Sosna et al.，2010）。当前研究多从高层领导角度考察商业模式创新行为（Teece，2010）。然而，囿于个人认知的有限理性和惯性，在商业模式创新过程中，高层领导有限的认知能力会限制其对商业模式创新机会的识别（Casadesus-Masanell et al.，2013）。本书引入分布式领导这一新型领导行为，探讨其对商业模式创新的作用机理以及具体的情境因素，有助于了解促进商业模式创新的领导行为路径，不仅拓展了领导行为与商业模式创新之间的关系研究，同时也阐述并证实了分布式领导对商业模式创新的积极效能作用；不仅将分布式领导的研究范围延伸至组织创新领域，也为探究商业模式创新前因提供了新的视角。

第二，从资源惯性与路径依赖的视角出发，探究了开放式创新、组织敏捷性对商业模式创新的驱动机理，为三者关系的研究提供了新的视角。在商业模式创新过程中，资源跨组织边界的获取与整合能力，以及资产的快速重组能力，都是极为重要的。受资源和路径依赖的阻碍，本书从组织内部资源获取方式以及动态的感知与回应能力出发，分析不同类型的开放式创新、组织敏捷性对商业模式创新的影响机理。当前对商业模式创新的研究往往从领导的战略决策过程和结构式战略的敏捷性出发，对企业如何获取新资源并加以整合与重组的研究较少（Huang et al.，2013；吴晓波等，2017）。此外，尽管一部分研究已经从理论上提出了开放式创新和组织敏捷性有助于企业商业模式创新，但鲜有学者们从实证的角度考察不同开放式创新战略、不同形式组织敏捷性对商业模式创新的具体影响。通过对开放式创新和组织敏捷性与商业模式创新之间关系的梳理，本书既证实了以往研究中对开放式创新和组织敏捷性积极效能的肯定，也进一步明确了开放式创新，组织敏捷性与商业模式创新三者之间的关系，进一步强化了对商业模式创新前因的认知，也为考察商业模式创新机理提供了新的视角。

第三，采用模糊集定性对比分析法，对商业模式创新的前因进行构型分析，明确了商业模式创新的必要或充分条件，进一步厘清了商业模式创新的前因，为商业模式创新研究提供了新方法。以往关于商业模式创新前因的研究主要存在两个局限：一是大多聚焦于案例分析；二是大多聚焦于单方面单一层次的因素影响。具体而言，以往研究在考察商业模式创新的驱动因素时多从理论分析着手，较少进行实证性检验，说服力略显欠缺（Yunus et al.，2010）。此外，有关商业模式创新前因的研究多集中于单一情境，或管理认知（McGrath，2010），或资源能力（Hock et al.，2016），或组织结构与设计（Osiyevskyy et al. 2015），或盈利模式（Wirtz et al.，2010）。然而，商业模式作为一个完整的系统，其所涉及的范围和层次都较广，单独考察一个情境内的元素，无法深入解释企业商业模式创新的独特性及其内部因素之间的相互影响。区别于以往研究，本书同时聚焦于领导模式、组织知识资源和动态能力这三个层面，在证实了分布式领导、开放式创新以及组织敏捷性对商业模式创新存在积极作用的基础上，进一步探索了三种因素在环境动态特征下的配置组合机理，最终给出实现商业模式创新更加明确的必要或充分条件组合。结果不仅进一步证实了上述两部分实证研究的结论，也给出了更加清晰的驱动因素组合。

第二章　理论基础与文献综述

第一节　理论基础

一、资源基础观

资源基础观（Resource-Based view，RBV）已经成为管理学领域最具影响力的理论之一，主要用来解释企业内部竞争优势的来源。RBV是 Bain（1968）在产业组织观的基础上发展起来的，Porter（1980）是该理论的重要追随者。产业组织观认为对企业绩效起决定性作用的条件在于组织的外部行业结构，该视角的理论框架为：结构—行为—绩效。与其相反，资源基础观侧重于寻求企业内部的决定性因素，并解释了为何不同企业之间存在巨大的产出或绩效差异（Barney，1991；Prahalad et al.，1994）。由于两者侧重点不一，RBV 并未完全取代产业组织观，而是对其理论进行了补充（Barney et al.，2001）。

资源基础观的核心观点是，一个企业或组织想要实现长远发展，需要获取、整合有价值的、稀缺的、难以模仿以及不可替代的资源与能力,同时企业还需吸收和应用这些资源(Chen et al.,1994;Barney et al.,2001;Helfat et al.,2003)。该理论观点亦被其他理论所使用并加以延伸。例如,核心能力理论(Hamel et al.,1992)、动态能力理论(Teece et al.,1997;Helfat et al.,2009)以及知识基础观(Chow et al.,2008)等。资源基础观的核心隐喻来自大卫·李嘉图(David Ricardo),该理论立足于租金收入资源与竞争优势能力的异质性和非流动性(Barney,1991;Amit et al.,1993)。公司被视为类似于原子的实体,主要目的是与其他公司在共同市场上的无中介竞争中获得高于正常水平的利润。资源基础观假设企业由有限理性者管理,即使是通过合理的市场化运作实现利润最大化的企业实体,其对资源、信息的了解也是不对称且分散的(Wade et al.,2004;Kozlenkova et al.,2014)。假若企业能比竞争对手更精准地估算一些资源的价值,那么这将成为其竞争优势的初步来源。在之后的战略行动中,企业只需要建立起隔离机制,通过一些手段防止其他竞争对手获取这些资源,就能够保持长期的竞争优势(Mahoney et al.,1992;Hart,1995;Barney,2001)。资源基础观对资源十分重视,强调资源是企业的重要组成部分,企业是由一些系列资源组合形成的。

资源基础观的快速发展阶段是 1984 年至 20 世纪 90 年代中期。在 Wernerfelt(1984)首次对资源基础观进行分析之后,许多学者都为此做出了理论贡献,其中较为突出的是 Rumelt(1984)、Barney(1986、1991、2001)、Conner 等(1996)、Helfat 等(2003、2009)、Kogut 等(1992)与 Teece 等(1997)等。经过发展,资源基础观已经被广泛应用于多个领域,如信息系统(Wade et al.,2004)、组织网络(Lavie,2006)。如今,资源基础观已经形成了"资源—能力—战略—绩效"的完整框架。

随着资源基础观的深入发展,众多学者进行了详细的研究和分析。Newbert（2007）基于对 55 篇研究资源基础观的文章的梳理和分析，对资源基础观进行了实证研究，发现在利用资源基础观考察企业竞争优势时可基于四个视角：一是资源异质性视角，主要分析特定资源与企业绩效或竞争优势之间的关系；二是组织视角，主要考察资源在不同组织情境中与企业绩效或竞争优势的关系；三是概念层次视角，侧重于资源的价值、稀缺性与不可模仿性；四是资源能力交互视角，主要考察资源与能力之间的组合与企业绩效和竞争优势的关系。目前，创新战略研究领域的学者也逐渐重视资源基础观，其中 Liu 等（2018）将资源基础观进行了深化，结合权变与资源异质性强调企业的竞争优势来自组织内部资源能力与外部环境之间的耦合，基于此，其进一步考察了非正常竞争环境如何与内部资源与能力匹配从而形成长期竞争优势的机制。张建宇（2014）基于资源基础观视角，将资源分为知识性资源、财产性资源及混合性资源，并将资源嵌入组织内部的程度考虑进来，通过分析得出，知识性资源对探索性创新有促进作用，财产性资源对利用式创新有促进作用。Helfat 等（2003）强调高管团队的作用，认为组织对外部机会的认知差异来源于高管团队的构成差异，这种差异将影响企业能否及时识别外部机会、掌握稀缺资源，因此，领导者认知也是企业不可或缺的资源。

依据分布式领导的认知特性，本书将分布式领导看作一种企业特殊的认知型资源。同时，基于开放式创新能够帮助企业获取外部技术知识和新型观点，本书将其视为一种企业特殊的知识型资源。资源基础观强调企业的竞争优势来源于异质性、不可模仿和有价值的资源，因此，本书将详细探讨以分布式领导、不同类型开放式创新为特殊的企业资源对商业模式创新（竞争优势）的具体影响机制。

二、动态能力理论

随着研究的深入，越来越多的学者指出资源基础观在解释企业竞争优势时存在较大的限制。Kraaijenbrink 等(2010)通过系统梳理，总结了当前理论界针对资源基础观的八大质疑与批评：没有实践意义；认为资源可以无限循环；应用范围较为狭窄；仅仅依靠资源并不能够达到企业获取优势的目标；不是一个系统性的理论；异质性、有价值的、不可模仿的资源并非竞争优势的必要及充分条件；无法真正估算资源的价值，并解释其理论意义；有关资源的定义不够明确。在这些质疑声中，学者普遍认为静态的资源与能力不足以完全解释企业竞争优势。为了进一步解释企业竞争优势，并且填补资源基础观动态解释力的不足，Teece 等(1997)提出企业内部动态能力是应对外部动态环境变化、实现实业长荣的重要条件。

动态能力理论的基础主要来源于演化经济学中针对企业如何应对外部环境变化调整资源提出的框架(Eisenhardt et al.，2000；Barreto，2010)。尽管以往理论研究提到过动态能力的相似概念，但是最先提出动态能力观点的是 Teece 等(1997)，他们将动态能力定义为企业"整合、建立以及重构企业内外部竞争力，以快速适应外部环境的动态变化的能力"，强调动态能力是一种特殊的能力，能够整合、协调以及重构内部能力。随后理论界基于不同视角对动态能力的理解，对动态能力进行了多样化的定义。其中，一部分学者基于资源基础观，拓展了对能力的定义；另一部分学者则更多地基于演化经济学的视角。总体而言，这些定义在性质、背景、演变机制、异质性假设等方面都存在显著的差异性(详见表 2.1)。

表 2.1　动态能力主要定义

定义	作者
竞争力与能力的子集,能够帮助企业创新产品与流程,并且应对外部不断变化的市场环境	Teece 等(1994)
企业能够及时响应外部环境变化,整合、构建以及重新配置内外部竞争力的能力	Teece 等(1997)
企业利用资源的流程,特别是为匹配或主动拥抱外部环境变化,整合、重新配置、获取和释放资源的流程;因此动态能力是企业在市场显现、碰撞、分裂、演化和死亡时实现新资源配置的组织和战略路径	Eisenhardt 等(2000)
企业能够快速并熟练地感知并抓住机会的能力	Teece (2000)
一种学习型且较为稳定的集体活动模式,通过此模式,组织系统地产生和修改其运营系统以提升创新效率	Zollo 等(2002)
依据组织决策者的设想和认知方式重新配置企业资源和日常事务的能力	Zahra (2006)
组织有目的地创建、扩展或整合其内部资源库的能力	Helfat 等(2007)
可以分解为三个能力:感知外部机会与威胁的能力;抓住机会的能力;通过强化、整合、保护以及重新配置企业内部无形与有形资产的能力	Teece(2007)
不是企业的常规能力,同时不能够无限回归,是重复高度程序化和可重复活动的能力,具体包括机会感知能力、资源整合能力以及资源重构能力	冯军政 等(2011)

　　由于动态能力能够解释企业在动态环境中的竞争优势,因此,动态能力理论也被国内外众多学者应用于创新领域。Lee 等(2008)基于韩国两家企业的案例比较分析,指出管理实践包括部署具有特定技能、特点与动机的企业家资源,因此,管理创新项目的领导者实践模式是组织动态创新能力的关键组成部分,其与组织创新存在紧密联系。Teece 等(2016)认为在不断变化的市场环境下,组织的敏捷性是企业必不可少的能力,企业内部的动态能力能够为组织敏捷性的发展提供基础,为其培育提供肥沃的土壤,企业管理者可以通过动态能力校准组织敏捷性的水平,推动组织创新。Piening 等(2015)基于动态能力理论,分析了流程创新的前因、绩效以及权变因素,他强调企业内外部

创新活动存在互补和替代效应,参加不同的创新活动能够提升流程创新效率,动态环境会影响流程创新与企业绩效的关系。罗仲伟等(2014)拓展了动态能力的内涵,将其定义为企业在技术范式转变时应对复杂环境的整合与重构的能力,并在此基础上提出动态能力与创新战略之间存在半交互的作用。简兆权等(2015)直接考察了动态能力在企业战略导向(包括市场导向和创业导向)与技术创新之间的中介作用,结果显示,动态能力完全中介市场导向与技术创新的关系,部分中介创业导向与技术创新之间的关系。

因此,动态能力在企业资源和组织创新之间起到了一定的中介作用,企业资源需要通过动态能力的整合和配置才能够发挥更加有效的作用。资源基础观视角下,分布式领导模式与开放式创新都有助于推进商业模式创新,然而为了进一步应对动态的外部环境,动态能力的关键作用也不可或缺,组织敏捷性作为一阶动态能力,不仅能够充分利用企业的知识型资源,也能够整合企业的认知型资源,从而实现竞争优势。因此本书将组织敏捷性作为开放式创新与商业模式创新之间的中介因素,考察这三者之间的特殊关系。

三、权变理论

权变理论源起于 Lawrence 等(1967)提出的有关组织与环境的权变思想,随后成为研究企业战略与外部环境因素之间关系的基础理论。权变理论的核心是企业的外部环境不是静止和真空的,而是不断变化的,企业管理者只有依据外部环境的变化进行决策,动态调整内部战略(Margerison,1984;Drazin et al.,1985),才能获取更高的绩效。没有一成不变或者最优的管理模式,企业的战略决策需要与内外部情景相匹配。企业作为一个运营子系统,其在环境这一大系统下运作,必然受到环境的制约。Drazin 等(1985)认为企业管理者应当依据外部环境的变化来制定与之匹配的战略决策,以保障企业的整体运作始终与环境保持良好的互动。另外,企业制定的战略不是静态不变的,而是需要不断更改的动态决策过程,Donaldson(2001)认为企业的战略决策行为是应对不同环境的不同反馈,这些反馈就是企业决策不断调整的过程,企业的变革绩效来源于组织战略与外部环境的匹配程度(Hofer,1975;Williams et al.,2017)。

权变理论认为,与组织战略或者领导模式相匹配的环境因素主要包含外部环境及内部环境。外部环境多考察社会、经济、法律、政策及技术等因素;内部环境则涵盖组织内部结构、文化及技术能力等因素(Luthans et al.,1977;Morton et al.,2008。这些环境因素与组织内部活动形成了权变或者匹配的关系,即"如果—那么"的逻辑关系。关于权变理论的应用,一部分学者重点考察了企业管理活动与外部环境之间的权变关系,强调外部环境因素对企业战略的影响。Lee 等(1996)立足韩国新兴经济,指出企业如果处于环境因素较为不确定的情况下,应该采用创新型以及差异化战略,假若市场较为稳定,则需要采用成本领先战略。另外,他们也指出,传统技术公司不适合运用环境与管理活动匹配的权变思想。Prajogo(2016)对澳大利亚 207 家制造企业进行了分析,发现动态环境强化了产品创新对企业绩效的影响;竞争环境则削弱了产品创新对企业绩效的影响,但加强了流程创新对企业绩效的影响。这表明动态性与产品创新战略,竞争性与过程创新战略之间存在战略契合。除却宏观范围的环境特质,企业外部战略导向也对创新活动和企业绩效有重要影响,这些外部导向需要与高管胜任特征进行匹配,才能提升绩效,促进创新活动(贾建锋等,2015)。

权变理论的另一视角是从内部组织结构出发,分析组织结构与外部环境,或战略与结构之间的匹配关系(赵立龙等,2017)。Morton 等(2008)认为组织的权变关系在于企业组织活动受到内部组织结构的制约,企业的战略执行需要与组织结构进行匹配才能够实现效益最大化。外部环境变化较为剧烈时,企业内部的组织结构可能需要分散化;相反,外部环境较为平稳时,组织结构则需调整为集中化(Donaldson,2001)。Ketokivi(2006)将组织内部的制造柔性作为内部结构因素,认为需求的多样性与不稳定性,外部技术与竞争战略是组织制造柔性的重要权变因素。从战略与结构的匹配角度上看,权变理论认为企业内部战略的执行不仅与外部环境相匹配,内部结构因素也是重要的权变特征。企业战略的实施离不开组织结构调整性的配合,Wei等(2014a)指出,探索式创新与利用式创新在不同商业模式的影响下,呈现差异化的效能结果,其中效率型商业模式对探索式创新与利用式创新均存在负向作用,新颖型商业模式则可以正向推动这两种创新。

　　权变理论也常考察领导模式与外部环境的权变作用。企业的领导模式可以分为领导特质、领导行为及领导权变。其中领导特质主要用来分析管理者的自身特征或共性对领导方式产生的影响(Bowers et al.,1966;Ogbonna et al.,2000);领导行为则可以进一步考察管理者的行为如何影响管理方式、组织运营以及员工行为,最终提高创新和财务效率(Jung et al.,1999);领导权变则强调外部环境对领导模式和行为效力的影响(魏艳鹏等,2017)。

　　Yukl(1989)在分析领导行为的基础上,指出外部环境的变化会影响管理者的具体行为,包括感知行为,战略决策等。领导行为是个复杂的系统性活动,领导行为的决策需要对外部环境进行分析,对内部结构特征进行掌握,因此,不同的内外部环境与结构特征,对领导行为的效率有不同的作用,进而产生差异化绩效(Schneider et al.,2006;Shao et al.,2016)。Yousafzai 等(2015)认为外部制度因素与创业规范会影响女性创业者的视角和对创业机会的识别,从而影响女性在创业过程的领导力。冯彩玲等(2014)认为企业家导向也是一种外部视角的权变因素，能够加强变革型领导对工作投入的促进作用，对交易型领导和工作投入之间的关系起到一定的正向作用，在变革型与交易型领导与员工创新行为之间起到了补充影响。

基于上述梳理可以发现，企业的特定领导模式、战略行为以及动态能力都受到内外部环境因素的影响。内外部的权变因素不仅影响领导行为的有效性，对组织内部战略行为的执行、能力的整合也有一定影响。基于此，本书进一步考察了组织敏捷性在分布式领导影响机会识别中的边界作用，同时也深入考察了领导行为模式、开放式创新、组织敏捷性等因素与外部环境因素结合形成推动商业模式创新的构型路径，深化对商业模式创新的具体认知，理清商业模式创新的前因因素及驱动机理。

第二节　文献综述

一、商业模式创新的相关研究

（一）商业模式的概念及内涵

随着信息技术的普及与大数据的渗透，企业在寻求竞争优势时面临的挑战不断更新。商业模式作为企业竞争优势的主要来源，受到理论界和实践领域的广泛关注。尽管商业模式发展历史悠久，但依然没有形成被广泛认可的定义。

一部分学者从价值实现的视角出发，认为商业模式是企业实现技术价值、商业价值的价值创造系统（Pateli et al.，2005；Gambardella et al.，2010）。Timmers（1998）认为商业模式是产品、服务和信息流的架构,包含对企业相关利益者、参与者及其他角色的描述;对各种商业行为者的潜在利益的描述;对收益来源的描述。Chesbrough 等(2002)认为商业模式与技术创新存在紧密联系,将商业模式看作企业连接技术潜力与经济效益的中介架构,技术创新通过商业模式产生效益(Chesbrough,2007)。Teece(2010)认为商业模式的本质其实是企业的一种经营逻辑,该种逻辑包含着顾客的价值主张、企业的盈利结构以及获取价值所需的成本。作为价值创造系统,不同商业模式可以与企业不同细分市场进行合理配置,识别不同市场的价值主张,为企业竞争优势提供来源。

一部分学者基于组织结构视角指出商业模式是组织结构的一种设计,其描述了企业如何组织内部系统以及分配价值的方式(Velu,2015)。组织结构视角突出了商业模式跨组织边界的特征,认为商业模式不仅仅是企业内部组织结构,也与外部相关利益者存在密切的联系(Baden-Fuller et al.,2010)。该种定义涉及企业内部资产与资源的配置,包含企业内部与相关利益者之间联系的制度、治理、惯例等。Casadesus-Masanell 等(2013)强调商业模式是企业战略的实践反应,这种反应包含选择以及选择产生的结果。Doz 等(2010a)认为企业商业模式是与外部消费者、合作者、竞争者、供应商等利益相关主体,企业内部单元结构之间相互依赖的一系列运营系统的集合。George 等(2011)在组织结构视角下对商业模式概念做出了更加全面的阐释,认为它是一种为了实现企业某种运营目标将内部各种核心活动整合起来的组织结构。依据组织结构的不同类型,可将商业模式分为资源结构主导型商业模式、交易结构主导型商业模式以及价值结构主导型商业模式。

基于商业模式创新的交易结构属性,学者们从交易的视角出发分析了商业模式的具体内涵。商业模式必然涉及企业的交易活动,基于此,Amit 等(2001)将商业模式定义为对组织交易内容、交易结构以及交易治理的描述。其中交易内容指的是企业交易所涉及的资源、能力、信息以及物品;交易结构指的是参与交易各方之间的连接方式、交易基本机制等;交易治理则指的是对交易涉及的信息、资源、物流等进行控制的方式,同时也指组织内部规章以及对交易参与者的激励方式。基于交易结构、交易内容及交易治理的不同设计,商业模式也会呈现出不同特征,Zott 等(2007)将商业模式设计区分为效率型(efficiency)以及新颖型(novelty)。

总体而言,以上对商业模式概念的定义因视角不同存在较大差异,详见表 2.2。

表 2.2　商业模式重要概念的不同定义

视角	定义	作者
价值实现视角	商业模式是产品、服务与信息流的架构,包含对各参与主体的角色定位、利益诉求以及获利来源的描述	Timmers(1998)
	商业模式是企业获取价值的活动系统,涵盖了企业交易内容、交易结构以及交易治理	Zott 等(2007)
	商业模式是企业连接技术潜力与经济效益的中介架构	Chesbrough(2007)
	商业模式是涵盖了支持顾客价值主张的逻辑与数据,以及提供该价值的企业的收入与成本的结构	Teece(2010)
组织结构视角	商业模式是描述企业价值的组织结构	Velu(2015)
	商业模式是与利益相关者紧密联系的组织结构	Baden-Fuller 等(2010)
	商业模式是组织对战略反应的结构	Doz 等(2010a)
	商业模式是企业进行一系列价值获取与创造活动的组织结构	Casadesus-Masanell 等(2013)
交易结构视角	商业模式为对企业交易结构、交易内容及交易治理的描述	Amit 等(2001b)

对商业模式概念及内涵的明确,有利于研究主题的开展,因此,对商业模式构成要素的探讨也成为重要的研究内容(Chesbrough et al.,

2002；Seelos et al.，2007；Achtenhagen et al.，2013）。Johnson 等
（2008）将商业模式分为客户价值主张、盈利模式、关键资源以及关键
过程四个重要的关联主体模块，又在主体模块上细分了十一个商业模
式关键要素，并在此基础上深入探讨了如何重构商业模式。
Osterwalder（2004）提出商业模式有九个关键要素，即价值主张、客户
细分、核心资源、合作网络、分销渠道、客户关系、关键业务、收入来源
以及成本结构，并进一步将商业模式划分为非绑定式、多边平台式、长
尾式、开放式以及免费式五种样式。这种商业模式要素的划分方式整
合了企业运营系统多方面因素，但是不利于深入了解商业模式的内在
因素。任小勋等（2015）认为商业模式包含商业对象、商业过程、商业
绩效三个方面，产品、利益相关者、收益、风险以及内部资源整合能力
五个模块，并结合物流、风险流以及资金流，建立了商业模式钻石模
型。但在该模型中，要素内部之间的逻辑性不够明确，且没有体现商
业模式"价值创造"这一核心本质。程愚等（2013）从价值创造的视角
出发，通过案例分析提出商业模式包含价值成果、资源和能力、决策三
个要素，并进一步分析了各要素之间的相关联系，系统揭示了商业模
式的本质特征。Amit 等（2001）认为商业模式包含交易内容、交易结
构以及交易治理三个关键要素，这种要素区分更加贴近商业模式的价
值创造核心本质。他们在此基础上将商业模式设计划分为效率型、互
补型、新颖型以及锁定型，其中效率型和新颖型被广泛采纳，效率型商
业模式侧重于交易效率的提升和信息不对称的降低；新颖型商业模式
则强调交易方式、交易内容及治理方式的改变（Zott et al.，2008）。

表 2.3 给出了不同商业模式定义中的重要元素。尽管直到现在
仍未形成对商业模式创新的统一定义，但业内学者对商业模式的内涵
也存在一些基本共识，即商业模式有一个焦点企业，焦点企业与外部
参与者共同形成了商业生态网络；焦点企业和参与企业都有自己的价

值主张;由多个商业元素共同组成,各个元素通过不同的配置组合会形成不同的商业模式设计主题;商业模式帮助企业做出整体决策,而不是实现局部最优。

综上可知,商业模式已经成为战略研究领域中的重要话题,区别于企业战略,它更多地关注为焦点企业以及相关参与者创造更多的价值。众多商业模式概念虽然从不同的视角出发,然而各个视角之间也存在一定的重合。基于商业模式的核心概念,本书采用 Amit 等(2001)的定义,认为商业模式是企业价值创造的组织结构,其包含了交易内容、交易结构以及交易治理三个方面。

表 2.3 不同商业模式定义中的重要元素

组成元素	作者
产品/服务、信息流结构、业务参与者及作用、参与者利益、收入来源、市场营销战略	Timmers(1998)
企业交易内容、交易结构以及交易治理	Amit 等(2001)
顾客价值、收入源、业务范围、价格、相关活动、执行力、能力、持续性	Afuah(2004)
价值主张、目标市场、内部价值链结构、成本结构与利润模式、价值网络、竞争战略	Chesbrough 等(2002)
持续性、收入流、成本结构、价值链定位	Rappa(2001)
价值主张、客户细分、核心资源、合作网络、分销渠道、收入来源、客户关系、关键业务、成本结构	Osterwalder(2004)
产品和服务提供、网络及其外部性、顾客、成本结构、收入	Bonaccorsi 等(2006)
价值主张、价值网络、价值维护、价值实现	原磊(2007)
业务系统、定位、盈利模式、关键资源能力、现金流结构、企业价值	魏炜(2012)

(二)商业模式的动态性与创新

随着对商业模式理论研究的不断深入,学者们认为静态的商业模式无法解释企业如何在日益激烈的竞争环境中获取竞争优势。Zott 等(2010)指出,商业模式基于企业与其相关参与者形成的网络,各方主体之间的变动会导致商业模式产生变化,因此商业模式必然是动态的(Demil et al.,2010;Ferreira et al.,2013)。商业模式的动态性已成为新的研究热点,组织变革视角指出,"动态性"指的是商业模式内部要素之间的互动及产生的动态变化(Bouwman et al.,2006;Demil et al.,2010;Dunford et al.,2010)。企业能否随着时间的变化改进商业模式是决定企业长期生存的关键。影响商业模式动态变化过程的因素主要有三个,即环境因素、商业模式应用以及商业模式创新。从环境的角度考量,由于外部环境变化的客观性,企业只能适应环境变化,商业模式的动态演化很大程度是应对外部环境变化的反应,为在动态环境中获取竞争优势,企业必须不断进行变革(Pateli et al,2005;Cavalcante et al.,2011)。从商业模式的应用视角来看,商业模式不是一开始就已经定型,而是在一系列运用过程中不断调整,进化形成当下的商业模式形态,商业模式应用是一种渐进式的改变(Saebi et al.,2017)。但改变并不能概括商业模式创新,其不仅仅是为适应环境变化做出的调整,比如企业交易过程中涉及的内容,如工作流程、市场运营等的范式性转变,也包括对交易本身进行重新界定,重塑价值主张、价值创造和价值获取方式(Amit et al.,2010;Casadesus-Masanell et al.,2013)。表 2.4 给出了不同学者关于商业模式动态性的主要定义。

表 2.4 商业模式动态性概念

概念	定义	作者
商业模式进化	企业内部连接核心要素紧急或主动变化的微调过程	Demil 等(2010)
商业模式更新	无定义	Doz 等(2010)
商业模式复制	无定义	Dunford 等(2010)

续表

概念	定义	作者
商业模式学习	在位企业面对来自新商业模式的挑战时,会调整它自身的商业模式	Teece(2010)
商业模式恶化	商业模式现有的竞争力降低	McGrath(2010)
商业模式生命周期	商业模式包括规范、细化、适应、修整与重构整个周期过程。商业模式初期一般都不够正式化,但在"试错"的过程中企业会做出大量的决策,从而促使商业模式进化	Morris 等(2005)
商业模式变革	企业感知价值如何被创造的逻辑从一个时间点到另一个时间点发生了变化	Aspara 等(2013)
商业模式创新	商业模式发生了根本性的改变	Markides 等(2004)
	通过挑战现有市场领域中特定行业的商业模式、角色以及关系来创造新价值的举措	Aspara 等(2013)
	商业模式创新指的是寻找企业新逻辑,以及能够为其利益相关者创造和获取价值的新方法	Casadesus-Masanell 等(2013)

当前创新方式大多集中在技术、产品以及流程等方面,对商业模式的创新关注相对较少。本质上,商业模式创新大多起始于企业价值主张的改变,而价值主张与企业商业模式内部收入、交易方式、销售渠道等有着密切的联系(Chesbrough et al.,2002;Johnson et al.,2008;Wander et al.,2009)。企业依据价值主张对商业模式其他元素进行设计,形成具体的商业模式,价值主张的转变,必然会引起一系列流程的重新设计,以适应新市场和客户需求(Visnjic et al.,2013)。因此,本书认为商业模式创新是企业基于新的价值主张,对商业模式各要素和结构进行重新设计实现价值传递的过程。

为了对商业模式创新进行更加科学的定位,学者们围绕商业模式创新与技术创新的关系,进行了一定的研究。企业技术创新是高新技术企业获得成功的核心驱动力,然而对初创企业、中小企业来说,在将技术进行商业化的过程中面临着各种资源(专业人才、资金链等)、内部整合与应用能力的限制(Chesbrough,2007;Foss et al.,2017b)。

这些限制导致大部分企业无法找到与自身匹配的商业模式。Chesbrough 等（2002）以施乐研究中心为研究对象，对其技术商业化过程进行了深入的考察，发现企业内部已有商业路径会束缚新技术转化成商业成果。Baden-Fuller 等（2013）认为商业模式不仅是连接技术创新与企业效能的中介桥梁，也能帮助企业确定适合自身的技术。此外，商业模式能够为创业者向外部投资者传达一定的企业、技术、产品、服务方式等信息，以便降低信息不对称，吸引更多的投资者（Doganova et al.，2009）。

　　商业模式某种程度上也能与技术创新产生耦合效应。从技术创新侧面来看，技术创新会推动商业模式创新，企业技术创新往往能够带来新市场和技术机会，商业模式作为转化结构，也需要进行创新帮助新技术实现转化和收益（李志强等，2012b）。同时，由于企业规模与属性千差万别，商业模式的复杂特性较为突出，因此，商业模式创新行为较技术创新更难被模仿（Chesbrough et al.，2007；张新香，2015）。此外，商业模式创新能够助力企业开拓新市场，在新价值主张的推动下，企业内部各运营要素（包括产品技术）都随之改变，推动了企业新技术的产生（戚耀元，2017）。例如，企业技术在市场中处于劣势地位时，商业模式创新能够帮助企业从外部引入新技术，从而帮助企业改善自身产品与技术（Chesbrough et al.，2006；李志强等，2012a）。企业在进行商业模式创新时，出于对价值主张的考量，会对市场进行细分，以求提供新产品、新服务来满足顾客不同的价值主张，这容易触发新一轮技术创新变革（阳双梅等，2013；Hu，2014）。综上，商业模式创新能够帮助企业实现技术价值，提升技术商业化效率，并且能够引发技术变革推动企业全方位的创新。商业模式创新同时也能应对技术变革带来的冲击，实现企业短期利益与长期利益的均衡。

(三)商业模式创新的动因

近年来，对商业模式创新前因因素的探索俨然成为战略管理领域的研究热点，同时也成为商业模式实践的关键问题（Huang et al.，2013；Guo et al.，2016；Foss et al.，2017a）。当前对商业模式创新的前因分析主要集中在对外部因素与内部因素的探讨上。

1.外部因素

从外部因素来看，业内学者普遍认为外部情境因素的制约能够促使企业依据变化进行商业模式的改变和创新，例如，技术变革（Amit et al.，2001；Pateli et al. 2005）、市场环境变化与威胁（Lambert et al.，2013；Amit et al.，2015）、制度环境（Reuver et al.，2009；Teece，2010）、应对顾客及供应商或互补者的转变（Casadesus-Masanell et al.，2013；Visnjic et al.，2016）。技术范式与商业模式创新之间存在耦合的关系，技术范式的变化能够将新技术推向市场，更好地满足顾客与市场潜在的需求（姚明明等，2014；Spieth et al.，2014），同时技术本身能够对商业模式涉及的多种运营要素进行革新。另外，技术创新离不开商业模式结构的商业化支撑，离开商业模式创新，技术创新无法产生确切的经济效应（Porter，1980；庞学卿，2016）。从情境因素看，外部环境的变化，例如环境的动态性和竞争性、制度变化、市场变化、经济环境变化等都会制约原有商业模式的效率（Smith et al.，2010；Ghezzi et al.，2011；Linder et al.，2017）。迅速调整企业内部组织结构及战略，应对外部环境因素的变化是企业实现实业长荣的基础，商业模式创新能够帮助企业适应新环境，减少内外部不一致带来的冲突。此外，一部分学者也强调了商业模式创新在新兴经济体中的重要性，认为商业模式创新有利于企业尽快进入新兴市场，在跨国贸易中取得合法性，避免环境和制度冲突（Dunford et al.，2010；Wan et al.，2015）。由于商业模式包含与利益相关者、外部参与者的联系，因

此,商业模式创新也受到企业外部参与者的影响(Pedersen et al.,
2016)。企业上游供应商以及互补者的商业模式发生变化,通过价值
网络的传递,核心企业会接收到不同的价值主张,获得不一样的互补
资产和上游供应产品(Velu,2015),因此企业自身的价值主张及价值
创造模式也会随之发生改变,进而促进商业模式创新。

2.内部因素

随着对商业模式创新的深入了解,现有研究普遍认为外部因素并
非商业模式创新的决定性作用,成功的商业模式变革离不开企业内部
因素的运作。外部情境因素的改变依赖于企业领导者的感知和传达,
管理者的认知能力以及对外部威胁与机会的解读能力会影响企业下
一步是否进行创新,以及如何创新的战略决策(Doz et al.,2010a;
Foss et al.,2015)。Wang 等(2017)指出,管理者与外部组织之间的
联系和互动等"管理关系"有利于帮助企业了解外部情境的变化,掌握
合作者与竞争者的走向,并且促进组织的探索式与利用式学习,进而
推动商业模式创新。管理者对外部机会和威胁的感知不同,会导致企
业采取截然不同的商业模式变革范式,对机会感知更敏感的管理者倾
向于采取探索式的商业模式,而对威胁感知更敏感的管理者则倾向于
以提升效率为主的商业模式转变(Osiyevskyy et al.,2015)。即使外
部环境并未发生动荡性的变化,企业管理者仍然可以凭借自身的管理
经验对将来技术创新范式中所需商业模式进行预判,从而通过商业模
式创新抢占新市场(Martins et al.,2015)。管理认知的影响是商业模
式创新决策的第一步,在执行商业模式创新过程中,资源与能力的整
合也至关重要(Metzger et al.,2016)。商业模式创新涉及企业运营
系统和营销系统的各项创新,是对新知识、技术以及资产的重新整合
与配置(Cinzia et al.,2017)。因此,企业资源与资产的灵活性以及内
部整合能力的强弱决定了商业模式创新的成功概率。企业识别外部

变化的能力、内部整合能力及吸收能力等都能促成商业模式创新的成功(Guo et al.,2016)。管理动态能力在组织内部商业模式与管理模型之间起着至关重要的作用(Basile et al.,2015)。企业内部能力的整合与资产的合理配置也离不开组织结构的配合,商业模式创新是企业不断做出战略决策的过程,组织结构的调整能够帮助企业尽快对外部环境变化做出反应,增强组织和战略的灵活性与敏感性(Doz et al.,2010a)

尽管现有研究对商业模式创新的内部推动力做出一些解释,但当前分析多侧重于企业高层管理者个人的认知能力、战略决策等方面,缺乏对内部资源与能力的深入分析。由于企业内部资源和能力的复杂性与特殊性,商业模式创新的改变具有一定的复杂性,现有研究并未深入探讨企业内部资源与能力对商业模式创新的差异化影响。此外,少数几篇关于管理者认知与商业模式创新之间关系的文献主要关注高层管理团队的认知和决策,几乎没有文献考察中低层领导者的领导力对商业模式创新的影响。最后,Foss等(2017)认为商业模式创新的影响因素较多,各方面探讨较为分散,没有系统性地考察不同层面因素之间的整合性。因此,本书将利用 fsQCA 对关键驱动因素进行构型分析。

(四)商业模式创新过程中的组织惯性

组织惯性的概念是相较于组织变革而言的,惯性原是物理学领域的概念,指物体在不受外部力量的作用下保持原有状态的趋势。20世纪 80 年代后期,组织学领域将惯性引用至组织学理论中。为了生存和长期发展,组织会依据外部环境调整自己的经营管理方式,进行适当的变革,这种组织变革如今已成为常态。然而由于惯性的作用,组织会倾向于保持原有的运行路径,或者战略执行等。对此,业内学者对组织惯性有三个共识:一是逐渐趋于稳定的趋势;二是唯一不变的是变化;三是外部环境变化时,组织惯性会逐渐显现。

与技术创新、流程创新等创新过程的焦点单一不同,商业模式创新覆盖了整个交易结构、交易内容和治理方式,是价值主张、价值创造以及价值获取的共同演变,是一个激烈的组织变革过程,因此,创新商业模式也会遇到组织惯性的阻碍(高闯等,2006;Casadesus-Masanell et al. 2013;Amit et al. 2015)。对商业模式进行创新时,首先需要发现外部商业机会(魏泽龙等,2017b),进而针对商机进行商业模式变革,重构组织资源与内部资产以适应新的商业模式(Foss et al.,2017b)。因此,商业模式创新并不是一蹴而就的,甚至面临着各种挑战,基于商业模式创新必然带来组织变革的特性,组织惯性被认为是阻碍商业模式创新的一大障碍,其中以认知惯性与依赖惯性最为突出。

就认知惯性而言,学者们认为在位企业进行商业模式创新时常受到管理者的有限认知制约。认知惯性在企业管理者个人身上主要体现为认知有限,例如受到先前经验的制约,抑或是政治因素的影响和自身有限认知的限制(Chesbrough,2010;Amit et al. 2012);管理者对现有商业模式的熟知程度以及对新商业模式潜力的认识程度(Chesbrough,2010)。商业模式创新离不开对外部商业机会的识别与把握,因此管理者对外部机会与威胁的认知会直接影响企业组织内部的战略倾向。作为个体,尤其是在知识异质性愈发突出的情况下,高层领导者在识别商业机会的过程中往往被自身经验与有限认知限制,无法准确识别商机,导致不能及时进行商业模式创新。Casadesus-Masanell 等(2010)指出,企业管理者在进行商业模式创新时,往往需要将不同的商业模式设计主题与组织内部元素结合起来,认知惯性会左右元素与主题的结合路径。此外,企业管理者对原有商业模式的熟悉程度(Chesbrough et al.,2002)以及对新商业模式的价值缺乏一定的认知,这些都会制约商业模式创新的顺利开展

（Chesbrough，2010b；吴晓波等，2017）。

　　依赖惯性体现为企业对现有商业模式的路径依赖和资源依赖（Gerasymenko et al.，2015）。一方面，企业往往不愿意发生突破性的转变，倾向于复制原有的成功路径。另一方面，商业模式也会对企业内部的资源和能力产生锁定效应，即内部资产与资源的组合会产生惯性依赖，很难重新配置组合（Sosna et al.，2010；吴晓波等，2017）。这种锁定效应也会引起现有资源和结构与新资源和结构之间的冲突。这些冲突在一定程度上能够促使企业积极转变商业模式，但也制约着商业模式的创新（吴晓波等，2016）。路径依赖和资源依赖下的冲突为企业创新带来了诸多挑战，新的商业模式下，企业面对的消费者需求和习惯差异较大，价值主张无法融合，这直接制约新商业模式在市场中运营的有效性。此外，商业模式创新引入的新资产与新资源配置模式会与企业原有配置产生冲突，基于这种冲突，企业管理者往往对商业模式创新产生抵制情绪，规避冲突带来的利益损害（Amit et al.，2001；Chesbrough，2010）。Bouncken 等（2016）指出，企业商业模式创新中需要发现新的价值主张，利用新的需求，采用新的交易方式，创造新的价值，企业的路径惯性会导致企业失去抓住新价值主张、创造新价值的机会。尽管有些公司顺利地实现了商业模式创新，但短时间内仍然容易出现新旧商业模式互相制约的现象（Sosna et al.，2010）。

　　综上，在认识到商业模式创新的关键作用时，也应该更加深入地了解其可能面临的阻碍。如何克服商业模式创新中的认知惯性及资源依赖是现有研究的重点（吴晓波等，2017）。是否存在某种领导模式，能够减少创新过程中的认知惯性？是否存在某种战略行为，能够帮助企业获得更多的资源并构建动态能力？为了回答这些问题，本书将考察新型的领导模式、获取与整合资源方式以及企业内部动态能力对商业模式创新的影响机理,探究分布式领导、开放式创新、组织敏捷性对开放式创新的影响机理,同时考察它们的构型组合对商业模式创新的影响。

二、分布式领导的相关研究

(一)分布式领导的概念及内涵

经典领导理论认为,领导力实质上是一种影响力,当其掌握者是个人时,意味着这是一种集权式领导模式,强调高层领导在组织中的重要作用(Menguc et al.,2007)。然而,知识经济时代下,集权式领导模式在组织管理中受到了诸多限制,员工知识的异质性、专业性加强,并且越来越具有自我管理意识,集权式领导会抑制员工参与组织管理的能力和愿望。因此,为了充分发挥员工的潜力,扩大组织内部人力资本优势,传统领导力的分配不应局限于高层领导者个人和正式职位,分布式领导概念应运而生。分布式领导最早由 Gibb(1954)在《参与式群体的动态》(*Dynamic of Participative Groups*)中提出,近年来,分布式领导开始受到研究学者及企业管理者的关注,相关研究主要集中在概念界定及效能应用两方面。

分布式领导的发展时间较短,因此学者们在较长一段时间内着重讨论分布式领导的概念内涵。分布式领导的概念主要从两个角度被界定:动态互动观视角、数量观视角。Gibb(1954)指出,组织内部领导角色可以基于群体视角,由组织中群体共同承担,这种领导角色由更多数量的人担任的模式被称为分布式领导。此种定义类似于集体领导模式,从承担领导角色和责任的数量区分于传统领导。Carson等(2007)指出,在分享式领导模式中,内部领导力分布在高层团队多个群体成员之间。张晓峰(2011)从传统部门出发,指出行政职位的领导者需要将领导权下放分散给下属成员，并且将指挥者角色转变为服务者与支持者，组织成员共同承担领导责任和义务。数量观视角下，分布式领导强调参与领导角色和责任人的数量；动态互动观则认为领导角色之间的相互关系更加重要。Gronn（2002）认为领导力既可以掌握在单独的个体手中，也可以由若干个个体独立掌握或是形成整体一致的行为。他指出分布式领导模式包含两种形式：数量分布式行为与一致性分布式行为。数量分布式行为指多个个体独立承担不同的领导角色，相互之间没有关联；一致性分布式行为则指实施领导行为的个体之间角色分工明确但是相互依赖，彼此之间存在互动与合作。两种不同的形式中，一致性分布式行为更具有区别于传统领导行为的独特性。Mintzberg（2006）在以往定义的基础上从动态的角度强调了领导行为过程中领导角色的更替，他认为分布式领导是群体多个成员依据组织内部任务的特点以及个体知识的异质性流动而担任不同角色的模式。Spillane 等（2007）认为领导、下属与情景是分布式领导的关键要素，分布式领导是三者之间的互动过程，领导与下属之间的角色会随着情景的变化以及时间的推移产生动态更替。他认为，领导角色可以在某一个时间点上被多个人同时担任，但是数量的叠加无法反映领导行为复杂的时间过程，需要将情境因素纳入框架，考察领导、下属与情境三者之间的互动（Spillane，2012）。Hulpia 等（2010）认为分布式领导是组织内部拥有专业知识的人员动态性地承担领导职能，并且鼓励组织成员参与决策，促使正式领导与非正式领导相互补充的特殊领导模式，这种领导模式包含领导支持和领导合作两个部分。学者也从其他角度对分布式领导进行了分析，例如情境学习角度（Gordon，2002）、实践流程视角（朱瑜等，2014；Kempster et al.，2014）等。表2.5总结了关于分布式领导的主要定义。

表 2.5 分布式领导主要定义

视角	定义	作者
数量观	领导角色由群体共同承担	Gibb(1954)
	两个或两个以上的人员共同承担领导角色以及责任	Carson 等(2007)
	领导力来源于组织成员之间	Bowers 等(1966)
动态互动观	一群富有经验和专业技能的个人在组织内部不同层次上共同思维与行动	Gronn(2002)
	分布式领导有两种形式,一种是数量式,一种为协调式。数量式强调领导力掌握在群体中的多个个体手上;协调式指在工作情境中,组织成员自发形成的一种合作模式,这种模式简单来看是组织成员之间紧密的合作关系,但是这种紧密的合作关系是建立在内部结构和制度化安排的基础上,这些结构安排决定了领导力分布的规律	Harris(2008)
	群体中个人按照任务的不同阶段以及自身能力的差异动态地承担不同角色	Minzberg(2006)
	分布式领导是领导者、下属与情境三者之间的互动。互动角色的更替是分布式领导的关键特征	Spillane(2007)
情景学习观	领导者并不是必须由一个能力非凡的人担任,而是由群体中每个人在不同情境中担任	Gordon (2002)

分布式领导容易与分权式领导、共享式领导、共同领导、多头领导等其他领导模式混淆(Quick et al.,2011),尤以共享式领导为甚,尽管它们之间存在较大差别。首先,共享式领导的探讨对象集中在高层管理团队,其领导职能没有共享给组织的中低层成员,只是在高管团队中形成职能共享;分布式领导的共享范围则覆盖组织内部所有成员,不仅仅是高层领导成员共同承担领导职能与义务(Mehra et al.,2006;Hoch,2013)。其次,共享式领导的领导职能需要正式的下放或指派流程,分布式领导强调的是组织内部成员之间自发的角色流动(Goksoy,2016)。

(二)分布式领导的效能作用

依据分布式领导的特性,其在早期多在教育系统及医疗保健研究中被考察,例如 Hulpia 等(2009)以小学为研究对象,在对学校教师进行调查时发现,分布式领导对教师的组织承诺有正向的促进作用,有利于教师工作绩效的提升。随着企业发展的日益成熟,学者们开始考察分布式领导在企业组织中的运用。当前研究指出,将分布式领导运用于企业中具有较大的实践意义和可行性,能够帮助解决领导认知有限的问题(Bolden,2011;Meijer et al.,2015)。基于此,学者开始关注分布式领导在组织内的运用,Mehra 等(2006)指出分布式领导的合作机制能够促进企业团队绩效的提升,分布式领导的协作与互动机制能够帮助项目团队尽快提升研发效率,进而推进组织创新(Lindgren et al.,2011)。此外分布式领导中领导支持和领导合作能够通过心理授权影响员工的主动行为(朱瑜等,2014)。尽管分布式领导能够促进组织成员之间的协作与知识共享,但协作过程中可能出现的意见不统一会造成沟通成本的提升,从而导致创新效率降低(Raesfeld-Meijer et al.,2015)。因此,当前有关分布式领导的效能研究仍然存在分歧,分布式领导与组织发展、团队效能之间可能并没有显著的关系(Leithwood et al.,2009;Bolden,2011),甚至可能会对组织创新和绩效提升产生抑制作用。

综上,结合动态交互观和数量观视角,在企业背景下,我们将分布式领导定义为组织多个成员按照情景共同承担领导角色和义务,正式领导与非正式领导互补的领导模式。这种领导模式包含领导支持与领导合作两个部分,对应非正式领导与正式领导,组织成员根据任务和能力的特点分享或动态承担领导角色。目前,对分布式领导与组织变革之间关系的研究较少,其中大多数采用案例分析,实证检验涉及更少。正如 Lumby(2017)所指出的,分布式领导的研究基础仍然较为薄弱,需要通过实证分析明晰分布式领导与组织变革之间的关系。

三、机会识别的相关研究

现有研究中,有关机会的定义较为分散(Eckhardt et al. , 2003;Hansen et al. , 2011)。概括来看,机会来源于个人内外部经营环境的变化,这些变化造成了个人可以利用的不平衡(Holcombe, 2003;Cohen et al. , 2007)。基于熊彼特的观点,个人可以潜在地利用技术、政治和监管以及社会和人口的机会(Casson, 2005;Saemundsson et al. , 2011),并且认识到这些机会可以创造积极且有利的环境,从而实现企业家的行动。因此,关于机会的研究一般出现在创业领域中并且与创业概念紧密联系在一起,创业机会被看作创业成功的先决条件,其在创业研究领域中处于核心地位,发挥着关键的作用(Aldrich et al. ,2003;Eckhardt et al. ,2003;Short et al. ,2010)。当前创业领域的研究者着重于考察机会的性质、来源、发现、评估和利用的过程,同时重视认识机会的个人行为(Shane et al. , 2000)。就机会的基本定义而言,Schumpeter(1934)认为机会是新资源组合的核心,并指出新型组合不仅可以以新产品或服务的形式出现,也能表现为新的生产方法、新的市场销售方式或者新的原材料。然而,Kirzner(1979)指出,市场需求和资源都不会以最终形式存在,它们需要被发明出来。此外,他强调,机会是市场不完善创造出来的因素,表现为创造经济回报的潜力。因此,在对机会进行定义时,无论基于何种观点,以往研究对机会的核心特征都保持着共同的认知,即创业机会涉及价值创造的各项过程。

关于机会的来源和本质,学者主要从三个角度来解释,即机会认可、机会发现和机会创造(Sarasvathy et al. , 2003)。大部分学者支持将机会的来由分为发现观和创造观两种视角(Alvarez et al. , 2007;

Cohen et al.，2007;杨静等，2012)。机会发现观强调机会的客观性，其独立于创业者或者其他个人而存在，领导者或者创业者基于个人的经验以及对外部环境的警觉性和感知性了解创业机会(Shane et al.，2000);机会创造观则强调机会的主观性，认为机会可以被创造，无法脱离与创业者和突破式创新领导者而单独存在(Zahra，2005)。机会在个人能力的运用下，被逻辑决策不断搭建出来，进而形成了成功者与失败者。基于研究内容和性质，本书将机会定义为具有潜力可以促成商业发展的环境(Dimov，2007)。机会发现观的核心与商业模式创新探索阶段对机会的需求一致，因此，在发现观的基础上，本书将机会识别定义为个人在寻找和识别机会上做出的努力(Ozgen et al.，2007;Ucbasaran et al.，2009)。

学者们开始探讨机会识别的具体影响，现有研究中机会识别被认为是竞争优势和卓越绩效的关键因素(Chandler et al.，1994;Gielnik et al.，2012)。由于企业在创新时对外部机会有较强的敏感性，以创新为核心战略的企业很大程度上依赖于外部的商业机会(Ireland et al.，2003)。例如，有研究指出，中小企业不积极寻找和发现机会，就无法生存和取得成功(Sambasivan et al.，2009)。O'connor 等(2001)通过构建理论模型，指出机会识别有助于企业实现重大的突破式创新，企业应该投入更多资源到管理者多样性知识的培养以及组织网络结构的构建上，帮助管理者和组织建立起更强的机会识别能力。通过案例分析，Park (2005)指出机会识别包含创业者(领导者)、技术知识与经验和企业知识和经验三个组成部分，基于此特性，机会识别能够通过领导者行为以及技术知识与经验的运用促进企业内部的产品创新。总的来说，机会识别对企业绩效有着深远影响。

为了深入理解为什么机会识别因个人和组织不同而存在差异，如有些人能够识别机会，有些人无法识别，学者开始将重点放在机会识别的驱动因素上。由于机会识别离不开个人或者组织行为，因此学者多从这些因素中考察如何推动机会识别，如个人与组织的社会资本（DeTienne et al.，2007；Ramos-Rodriguez et al.，2010）、个人特征（Zahra，2005；Li et al.，2014），以及对外部环境的警觉性（Gaglio et al.，2001）。Baron（2006）建立了一个理论框架，将环境、先验知识、警觉性和系统性搜索与机会识别联系起来，同时强调社会资本的重要性，得出机会需要被发现的结论，并且表明机会源于环境（如技术、人口和法规）的变化。基于机会发现框架，Gielnik 等（2014）认为积极的信息搜索可以弥补创业经验的缺乏，并增强发散性思维和一般心理能力（GMA）对机会识别的影响。

综上所述，机会识别在企业创新过程中扮演着关键的角色，尤其是在突破式创新的过程中更是至关重要。然而现有研究中对机会识别如何推动商业模式创新，以及两者之间的边界及影响机理鲜少涉及。此外，机会识别的重要性虽然被大多数学者证实，但对机会识别驱动因素的研究仍然没有形成体系，尤其是从领导行为视角出发的研究更少，因此，从领导模式的角度看，机会识别如何形成，尚需进一步考察。本书将重点探究机会识别在分布式领导与商业模式创新之间的桥梁作用，并且分析作用中的内部权变因素，以进一步丰富机会识别的前因与效能作用研究。

四、开放式创新相关研究

（一）开放式创新的内涵与模式

"开放式创新"（open innovation）这一概念最早由 Chesbrough 在 2003 年提出，他认为任何企业组织都不是孤立存在的，均与其所处环境有着不同程度的联系。企业组织的战略行为不仅受其所处环境的影响,而且其行为结果也影响着环境(Chesbrough,2003a)。随着开放式创新概念进入大众视野,Chesbrough 等学者进一步提出开放式创新是从创新中获得利润的实践模式,也是创造和及时研究一系列活动的认知模式(Chesbrough et al.,2006)。开放式创新的产生与发展解决了零散创新导致的资源浪费和效率低下问题,是企业应对泛知识时代的市场变化、需求个性化和信息快速更替的能动对策(陈劲等,2012)。

开放式创新的定义主要依从三个视角:知识视角、组织视角和流程视角。知识视角强调开放性创新的范式带来的内外部知识流动。基于该视角的学者们认为开放式创新需满足三个条件:企业愿意公开知识;公开的知识是开放的,所有感兴趣的组织和个人都能够免费获取该知识;组织的利益相关者之间存在紧密互动(Chesbrough et al.,2006a;Garriga et al.,2013)。但是这种定义的条件较为苛刻,大部分企业无法满足这些条件。组织视角下,开放式创新强调跨组织边界。Chesbrough(2003b)认为开放式创新是一种跨组织边界的开放的创新方式,企业不仅能够利用自己内部的资源,也能够通过开放式创新获取并利用外部资源和商业化途径(闫春,2014)。盛济川等(2013)、West 等(2014)将开放式创新看作一个企业进行知识生产、获取和利用的运作框架,并将开放式创新定义为企业有目的地从外部探索与组织内部资源和能力相匹配的资源,并通过多种途径为获取该资源做出努力。流程视角下,学者更加关注开放式创新为企业创新构架的流程框架,此视角强调知识输入输出的流程(葛沪飞等,2010)。Chesbrough(2003b)、Lichtenthaler 等(2009)认为开放式创新是企业有目的地利用流入和流出的知识,提升企业创新效率,扩大外部创新市场的过程,具体可分为内向型开放式创新(inbound open innovation)与外向型开放式创新(outbound open innovation)。该定义是现有国内外学者较为认同的开放式创新定义(陈劲等,2006;陈劲等,2012;Hung et al.，2013；Cassiman et al.，2016）。

　　基于文献梳理，结合不同视角，本书认为开放式创新是企业的一种特殊创新战略，其通过有目的地利用企业内部商业模式运作机制来管理跨组织边界的知识和资源的流入和流出。现有对开放式创新模式的分类主要基于知识视角。具体来说，主要存在知识搜寻程度（Garriga et al.，2013）、知识流动方向（Popa et al.，2017）、知识管理过程（Eckhardt et al.，2018）、资源使用阶段等几个方面。知识搜寻程度视角的研究主要分析了企业搜寻外部知识的深度和广度，并认为不同的开放程度将直接决定企业开放式创新行为模式的特征（Henkel et al.，2014；Bogers et al.，2018）；知识流动方向视角的研究主要将开放式创新的行为过程分为内向型与外向型，强调企业如何通过技术获取，为组织注入多种外部知识或技术（Hung et al.，2013；高良谋等，2014；Camerani et al.，2016），以及如何将未使用的或待使用的资源进行外部商业化（Helm et al.，2019）；知识管理流程视角的研究主要强调开放式创新的知识管理能力，明确开放式创新的具体动态运行模式（Lichtenthaler，2011；Cassiman et al.，2016）；资源使用阶段视角的研究则关注企业获取与利用资源的方式或途径，强调不同阶段的交互影响（Vrande et al.，2009）。

　　基于对开放式创新知识内外部流动特征的理解，本书将开放式创新分为内向型与外向型两种模式。内向型开放式创新指的是创新理念和技术知识流入公司的创新体系，使公司可以获取外部创新知识和内部创意，以补充其商业模式（Parida et al.，2012；江积海，2014）。外向型开放式创新指的是想法或技术从公司的创新体系中流出，公司有目的地追求商业化或将其技术知识向外转移以获得货币或非货币利益，比如销售知识产权或倍增技术获取收益（Chesbrough，2003b；Lichtenthaler，2009；Hung et al.，2013；Popa et al.，2017）。不同类型的开放式创新的作用机理不同,其产生的结果也存在一定的差别。采用内向型开放式创新的企业更多的是联合外部企业主体(如高校、科研院所、上下游企业等)建立合作关系。合作关系的建立能够帮助焦点企业获取多样化的技术知识和资源,并将这些技术知识和资源吸收整合内化为自身的创新能力(Rubera et al.,2016;Martinez-Conesa et al.,2017)。相比之下,外向型开放式创新主要依靠企业联盟等,出售技术、外部技术许可等方式将企业内部冗余的技术资源转移,实现外部利用。通过外部技术的利用,企业能够得到足够的资金保障,降低自身技术商业化的风险,提升自我研发效率(Lichtenthaler,2009;Lee et al.,2010);同时也能够建立起出售和许可技术的行业标准,树立或维持自身在行业内的龙头地位(Hu et al.,2014;Cassiman et al.,2016)。

（二）开放式创新与组织创新的关系

基于开放式创新跨组织边界的创新属性,近年来关于开放式创新的研究开始关注其对组织创新的具体效能。从本质要素出发,开放式创新对外部知识的搜寻和利用,不仅能够帮助企业获得更多的资源,同时能够通过出售冗余的技术知识获得更多的利益,以此为组织创新活动提供更多的资源和物质基础(Cassiman et al.,2016)。Vega-Jurado 等(2009)指出,通过购买或者与其他企业建立合作联盟关系来获取外部知识的方式对焦点企业的产品创新和流程创新都有积极的促进作用,并且在拥有高水平技术能力的情况下,这种积极的作用会更强。还有一部分外部知识来自专业的咨询公司或者科研院所,企业与之合作获取足够的资源来满足创新活动的必要需求(Camerani et al.,2016)。这些外部资源和知识的获取往往依靠企业的社会资本,并且相对于内部资源而言,获取的外部资源往往都是补充性质的而非替代性质的,因此企业内部的创新活动对此都会持友好态度(Tether et al.，2008)。与一方达成战略伙伴关系的企业更容易实现创新，而社会资本作为一个整体概念，对理解社会联盟创新和价值创造的动力至关重要。Phelps (2010)通过对 77 家电子信息公司的长期跟踪调查发现，企业之间联盟合作网络中技术的多样性对企业的探索式创新有倒 U 形促进作用，同时这种倒 U 形作用受到企业联盟网络密度的调节影响。Oerlemans 等(2013) 进一步指出，企业联盟组合的多样性与渐进式创新和突破式创新都存在倒 U 形关系，企业内部的技术能力对这种倒 U 形关系有正向的调节作用。

随着开放式创新研究的不断推进，有些学者开始关注到开放式创新对商业模式创新的影响，其中大部分学者将开放与商业模式进行结合，提出开放式商业模式的概念。Chesbrough (2007)认为企业需要开放组织边界，这种开放的形式也可以称为开放商业模式。企业开放式创新通过开放的商业模式能够更好地促进企业的创新活动(Chesbrough，2006a；Saebi et al.，2015)。在这种依赖关系的基础上，Saebi 等(2015)进一步指出，不同类型的开放式创新需要与商业模式中的交易治理、交易结构及交易内容相匹配，才能实现长期竞争优势。Pilav-Veli 等(2016)基于对转型经济大背景下的企业的调查，指出企业开放式创新应该与组织商业过程创新进行整合，这样才能推动企业绩效的提升。

综上，尽管现有研究已经从多种视角分析企业开放式创新行为对组织创新的影响，但是尚未形成统一的学术意见，学者也在呼吁要深入分析确认开放式创新与组织内部创新之间的具体机理。值得注意的是，尽管有少部分研究将开放式创新与商业模式创新联系起来，但对它们之间关系的探讨仍较为浅显，鲜有实证研究成果，而且仅仅考虑了单一层面上的开放式创新模式，没有考虑不同类型开放式创新对商业模式创新的具体影响机理。因此，本书着眼于开放式创新对知识的柔性获取和利用,引入组织敏捷性这一动态能力,分别考察内向型、外向型开放式创新如何克服创新过程中的资源限制问题,提高组织敏捷性,促进商业模式创新的具体机制。

五、组织敏捷性的相关研究

(一)组织敏捷性的概念与内涵

敏捷性最先出现在英国的商业研究文献中,其与柔性制造系统 FMS 存在紧密的联系,两者之间通常被交叉使用(Brannen et al.,2012)。"柔性制造"(flexible manufacturing)这一概念是在 20 世纪 80 年代由美国通用汽车公司 Lcocca 研究所在报告《二十一世纪制造企业战略》中率先提出来的。一部分学者认为区别于灵活性的内部专注,敏捷性是一种外部专注能力(Swafford et al.,2006),其能使公司快速调整运营系统以应对动荡的市场状况与快速变化的顾客需求(Braunscheidel et al.,2009)。在该视角下,敏捷性具有市场传感能力的特质,能够帮助企业探索并利用市场机会(Overby et al.,2006;Roberts et al.,2012),因此,敏捷性被看作一种特殊的企业动态能力,与竞争优势息息相关(Teece,2007;Roberts et al.,2012)。另外一部分学者认为,敏捷性不仅仅是一种企业能力,而是建立在企业多方面能力之上的综合战略、运营范式、体系或管理实践(Dyer et al.,1999;Cao et al.,2005;Brannen et al.,2012)。敏捷的企业必须能够高效获取资源、提升协调能力(Chen et al.,2011),并且集聚企业必要资产与知识(Sambamurthy et al.,2003)。由于在动态环境中进行制度创新和变革需要创新的观点与快速的调整,这种调整全面体现在产品、服务、流程、技术或管理技术上,因此,后一种观点受到了更多学者的认可。

基于此,组织敏捷性可以理解为一种高阶动态能力,能够帮助企业及时感知并响应客户的需求偏好、竞争对手的战略行动以及政府法律法规的变化等，从而获取长期竞争优势（Sambamurthy et al.，2003；Trinh-Phuong et al.，2010；Chen et al.，2011）。Cai 等（2013）认为组织敏捷性能够精准地感知外部市场变化，并及时向企业内部发送信号，推动资源、知识和结构的整合，以便应对外部环境变化。因此，组织敏捷性无疑是一种企业内部独特的动态能力，能够帮助企业及时进行产品和运营流程的创新（Nazir et al.，2012；Teece et al.，2016）。

随着所受关注的加强，组织敏捷性被广泛地延伸至多个构念中，如战略敏捷性（Rajala et al.，2012；Lewis et al.，2014）、制造敏捷性（Wei et al.，2017）、顾客敏捷性（Roberts et al.，2012）、供应链敏捷性（Agarwal et al.，2007；Braunscheidel et al.，2009）及网络敏捷性（Chen et al.，2011）等。一部分学者强调敏捷性存在三个主要特征，即识别市场、快速响应和灵活调整（Dyer et al.，1999；Sharifi et al.，1999）。一部分学者则认为敏捷性需要考察企业不同环节的反应速度，具体包含顾客敏捷性、运营敏捷性、合作敏捷性、运营敏捷性等（Lu et al.，2011；Lee et al.，2015）。其中 Lu 等（2011）认为组织敏捷性扩展了战略灵活性的概念，并提出组织敏捷性包含两个截然不同的维度，即市场利用敏捷性与运营调整敏捷性。市场利用敏捷性聚焦于企业外部，侧重于对外部市场与顾客需求的感知与及时响应；运营调整敏捷性则聚焦于企业内部，强调及时调整内部运营系统以响应外部变化。就商业模式创新的特性以及组织敏捷性的内涵而言，企业在推动商业模式创新时，主要涉及外部市场与内部运营，因此，本书采用了Lu 等（2011）对组织敏捷性的定义与分类。

（二）动态能力视角下组织敏捷性与商业模式创新

主流观点认为，组织敏捷性是企业本身固有的能力，敏捷性的高低直接关系到企业在内外部竞争环境下的生存概率,决定性地影响着企业的长期竞争优势(Volberda,1996;李艳红等,2003;Lee,Sambamurthy et al. 2015)。作为企业内部独特的动态能力,组织敏捷性在一定程度上也反映了企业调整自身结构、战略与运作方式的能力,有利于企业内部的变革与创新(Volberda,1996;Tallon et al.,2011;Mikalef et al.,2017)。在认可组织敏捷性积极作用的基础上(Lewis et al.,2014;Lee,et al. 2015),学者们进一步探讨了组织敏捷性与特定组织创新之间的关系,其中就包含了商业模式创新。就组织敏捷性的细分成分而言,企业的战略敏捷性(strategic agility)是推动商业模式变革的关键因素(Doz et al. 2010a)。与之相似,Bock 等(2012)指出战略灵活性(strategic flexibility)是实现商业模式变革的核心因素,组织内部的文化和结构会影响战略柔性的作用,进而对商业模式变革造成影响。Teece(2010)认为组织内部运行流程的敏捷性能够帮助企业从社会网络中获得更多的资源,从而为商业模式创新奠定基础。

然而,当前大部分现有实证研究中,无论是从战略柔性还是从战略灵活性或者敏捷性角度来看,组织敏捷性几乎都被当作一阶能力来探索其与商业模式创新之间的关系,并未深入探究不同维度敏捷性对企业竞争的差异化影响。此外,尽管学者已经对组织敏捷性是实现企业长期竞争优势的固有能力达成了共识,但对不同敏捷性的前因以及具体效能影响的分析仍然不足。本书结合开放式创新与组织敏捷性,考察了不同类型开放式创新对组织敏捷性的影响,并且以组织敏捷性的两个维度为中介变量,分析开放式创新对商业模式创新的具体影响机理。

本章小结

商业模式创新已经成为战略管理领域的研究焦点（Zott et al.，2011；Martins et al.，2015），同时学术界也对此展开了大量的探讨与分析，涌现出一批具有理论和实践意义的研究成果（Doz et al.，2010a；Souto，2015）。然而，随着商业模式概念的逐渐清晰、其重要性的日益突出，商业模式创新的影响因素以及其形成机理逐渐成为热门研究命题（Velu，2015；吴晓波等，2017）。笔者在文献梳理过程中发现，当前学界对商业模式创新的研究仍然存在几个亟待解决的问题。

第一，商业模式创新探索阶段的认知惯性如何克服，新型的分布式领导模式能否帮助管理者对市场环境和战略导向的认知与把握，是商业模式创新的基本契机。企业高层管理者个人的有限认知，以及对以往管理经验的依赖，在一定程度上阻碍了商业模式创新机会的挖掘（Chesbrough，2010）。当前，鲜有研究从领导风格与模式的视角来考察商业模式创新的形成机理，并且大多将重点放在高层管理团队或者高管个人的具体领导行为上（Casadesus-Masanell et al.，2013）。商业模式创新的动力来源于组织层面各个要素，不仅需要系统而全面的认知行为，也离不开组织中个体成员之间的相互协作。基于资源基础观，企业领导模式可以视为一种特殊的认知资源，其对组织竞争优势的影响，可以从领导协作方式入手。关注企业领导模式的转变，以及领导职能与责任的分布对商业模式创新的影响，不仅拓展了商业模式创新与领导行为之间关系的研究，也有利于对分布式领导模式在组织变革中作用的明确。

第二，开放式创新促进商业模式创新的具体机制以及商业模式创新对内部资源与能力的促进作用仍需进一步探讨。现有研究对商业模式创新的前因驱动因素的分析,主要聚焦于商业模式创新的具体演化过程,并将其与技术创新融合在一起分析(Chesbrough et al.,2006a;Baden-Fuller et al.,2013)。商业模式创新本质是企业内部资源与结构的重组,涉及交易内容、结构以及与相关利益者之间关系的调整。这种系统性的创新需要足够的资源以及组织内部的灵活性调整。因此商业模式创新并不仅仅与外部技术变化、内部技术创新相关,企业内部资源的限制以及组织动态能力的培养在商业模式创新过程中应当得到更多关注。开放组织边界的资源获取方式是企业获取资源的有效方式,组织敏捷性是企业灵活调整内部结构与资产的重要能力,考察两者是否能够解决商业模式创新过程中遇到的资源限制和路径依赖,以及两者之间的作用关系,对探究商业模式创新有重要的意义。

第三,商业模式创新的复杂形成机理仍然需要系统性的探讨,现有研究中多考察某一类变量对商业模式创新的净效应,无论是基于领导视角(Chesbrough,2007;阎婧等,2016),还是基于组织结构视角(Demil et al.,2010),或是基于盈利模式视角(Linder et al.,2017)。从概念出发,商业模式创新涉及组织层面的领导决策、资源获取和整合、组织结构的改变。这些因素并不是相互独立的,而是相互影响、息息相关的。因此,商业模式创新过程不是单一视角下的基本运作,而是多个因素共同作用下的商业模式自身的创新。基于单一视角或单一变量的考察在洞察商业模式创新的形成机理上存在较大的局限性。因此考察多种前因变量组合形成的构型对商业模式创新的解释力度,能够更加深入地剖析商业模式创新的形成机制。

第三章　分布式领导对商业模式创新的影响机制研究

随着信息技术的快速发展,高科技企业在寻求竞争优势的过程中所面临的挑战日益增加。信息技术促进了企业与需求多样化的顾客之间的良性互动,并在企业价值创造过程中推动了知识共享(Einola et al.，2016)。为了应对这些挑战,企业需要获取关键资源并重新设计盈利模式(Foss et al.，2017a)。以往研究指出,商业模式创新即重新定义客户价值和价值创造方式的战略,与竞争优势密切相关(Chesbrough，2010)。然而,对于大多数企业来说,由于外部变化的不可预见性以及运营过程的复杂程度,商业模式创新的过程往往困难重重(Foss et al.2017a)。

尽管一些学者提出可以通过试错和实验过程来实现商业模式创新(Sosna et al.，2010;Guo et al.，2016),但是 Christensen 等(2016)却认为个体领导者认知的有限性和惯性会阻碍对外部机会的准确识别从而影响试错和实验过程。例如,创业公司 Better Place 通过为电动汽车提供可替换电池获得了巨大的成功,然而在进行商业模式创新的过程中,由于其领导者对顾客实际需求认知的疏漏,最终以失败告终。鉴于此,充分考察领导行为模式在组织变革中的影响,进一步分析领导实践在商业模式创新过程中的作用有重大的意义(Foss et al.,2015)。以往对领导行为与商业模式创新关系的研究大都集中在对"英雄主义"的领导方式的探讨上,即考察高级经理人或首席执行官等个人领导者的行为和实践方式如何推动商业模式创新(Teece,2010)。作为个体,高层领导者缺乏全面的专业知识,职能领导者缺乏对整个组织的领导能力,两者都无法及时且高效地应对外部环境变化(Casadesus-Masanell et al.,2013;Visnjic et al.,2016)。因此,商业模式创新过程中对领导行为的要求较为复杂。

当前研究提出了新型的分布式领导模式,指出领导责任可以在中低层领导以及组织成员之间进行分配,并在组织单位内横向流动。分布式领导被描述为"后英雄"的领导模式(Badaracco Jr,2001;Cannatelli et al.,2016),表明组织中的领导职能不仅仅是个人即"高层领导",也是其他职能领导及组织中具有异质性知识的成员的属性或行为(Spillane et al.,2007)。尽管当前研究对分布式领导探讨得较少,但确实可以在较大程度上帮助高层管理者克服其在实现商业模式创新过程中的认知局限,因为组织中任何单独的个体都无法识别所有的外部信息(Chesbrough,2010)。

另外,"认知—行为—结果"框架表明,尽管领导认知对组织发展结果有重大的影响,但需要落实到具体的行为,才能够产生更加具体的效果(Ketchen et al.,2007)。为了创新商业模式,企业需要识别潜在的发展机会以便及时掌握机遇,提升商业模式创新的成功概率(George et al.,2011)。因此,能反映企业机会识别能力的机会识别是进行商业模式创新试错实验的关键行为过程(Ozgen et al.,2007)。本书认为机会识别是分布式领导模式与商业模式创新之间的桥梁。此外,基于资源基础观与动态能力理论,尽管分布式领导模式作为企业特殊的知识型资源是企业获取竞争优势的基础,但也需要与企业内部能力相结合,尤其是动态能力的快速回应和重构的配合,才能最大限度地保证企业效能的提升(Teece,2007)。组织敏捷性有助于企业更好地适应不同的领导模式,强化企业的适应与反应能力,进一步增强外部机会的识别和挖掘能力(Lee et al.,2015)。因此,本书考察了分布式领导在不同类型敏捷性的影响下对机会识别与商业模式创新的差异性作用,了解了分布式领导的情境因素,并深化了商业模式创新的前因。本书框架如图 3.1 所示。

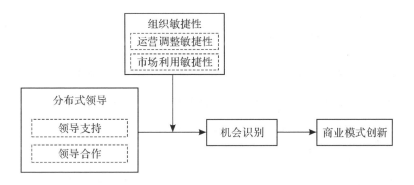

图 3.1 本书研究框架

依据上述背景,本书的贡献主要集中在三个方面。首先,分布式领导模式可以帮助企业克服商业模式创新的认知惯性,基于文献梳理,可以发现考察领导行为对商业模式创新的影响研究较少,并且多数从传统的领导范式着手。本书基于资源基础观、动态能力理论以及分布式领导特性,提出分布式领导新模式更加有助于商业模式创新,有利于明确分布式领导对组织变革的关系,强化对分布式领导作用的认知。其次,本书发现,分布式领导通过促进机会识别行为影响商业模式创新,这对先前学者关于组织如何创新其商业模式(Chesbrough et al.,2002;Casadesus-Masanell et al.,2013),以及何种领导风格更加有利于商业模式创新(Chesbrough,2010;Foss et

al.，2015)等问题进行了回应。最后,本书研究不仅将分布式领导
模式的研究领域从教育学扩展到企业战略研究中,而且还考虑了组
织敏捷性在分布式领导模式与商业模式创新关系中的调节作用,有
助于更好地理解分布式领导模式在不同内部能力情境下的有效性。

第一节　理论基础与研究假设

一、分布式领导与商业模式创新

第一,分布式领导能够促进组织领导和成员之间的自发合作,增
强领导者与组织成员之间的相互依赖性(Kempster et al.，2014)。因
此,分布式领导实践模式能够最大限度地利用组织成员的专长
(Cannatelli et al.，2016),这在一定程度上增强了领导者克服商业模
式创新带来复杂挑战的能力。此外,职能领导者与组织其他成员进行
信息交换,采取战略行为,并逐渐适应对他人行为的反馈(Beycioglu et
al.，2011;Kondakci et al.，2016)。由于分布式领导鼓励组织成员之
间以及与领导者之间的互动,因此,领导实践拥有多样化的背景特征
(Hristov et al.，2019),这为商业模式创新获取全面的信息、制定综合
性的战略夯实了实践基础。

第二,分布式领导能够推动组织成员与领导者之间的相互支持,
延伸领导与组织成员的知识边界(Hristov et al.，2019)。换言之,领
导者与组织成员相互支持,有利于组织之间的知识共享,并且拓展和
丰富每个人的专业知识(Kondakci et al.，2016)。当两个或两个以上
的人共同承担某一项角色,或者执行同一任务时,他们会相互监督和
商量彼此的行为决策,保障任务顺利完成(Fitzgerald et al.，2013)。

因此,领导者与组织成员之间的相互依赖性越强,知识平行流动得越顺畅,领导者行使战略决策的失误可能性就越低,领导者"有限"的认知则会得到进一步拓展。同时,分布式领导能够增强组织领导者和成员对自我决策的自信程度,减少领导者对以往成功经验的依赖(Gronn,2002;Harris et al.,2008)。基于此,领导者倾向于规避以往经验与传统做法,进行更有见地的思考,从而脱离过去管理决策的阴影笼罩,尽可能地做出正确的管理决策(Zajac et al.,2014),进而推动商业模式创新。

第三,分布式领导有助于协调现有价值与不可预见风险之间的矛盾。商业模式的创新会带来新的操作和营销系统,新的运营系统结构常常与企业现有资产配置产生冲突(Zott et al.,2007;Chesbrough,2010)。分布式领导能够引导组织成员与领导者尽可能地优先考虑组织利益而非个人利益,并且鼓励成员在面临冲突时进行合作(Gronn,2002;Cope et al.,2011),这种合作关系能够推动企业高效地解决现有资产结构与新商业模式的冲突。同时,分布式领导强调领导角色动态分布、组织成员的谈判参与以及共同决策,这有助于企业内部形成共同愿景,促使企业成员竭力为组织目标共同奋斗(Hoch,2013)。共同的情感依托可以使企业领导者和组织成员意识到,组织活动的成功和失败离不开相互间的协同合作(Beycioglu et al.,2011)。因此,在分布式领导模式下,企业内部领导者与组织成员对组织成功的组织承诺会更高,更有可能为组织的长远利益谋划,进行商业模式创新(Hulpia et al.,2009)。因此,我们假设:

假设 1:分布式领导正向影响商业模式创新,分布式领导水平越高,商业模式创新的程度越高

二、机会识别的中介机制

"认知—行为—结果"框架表明,尽管领导者能够克服认知惯性,突破个人理性的边界,但也必须依托适当的行为来实现具体目标(Ketchen et al.,2007)。鉴于此,本部分研究认为考察分布式领导对商业模式创新的直接影响不足以说明领导模式推进商业模式变革机理,需要纳入一定的行为进行深入的分析。为了创新企业商业模式,企业需要挖掘并抓住新的商业机会以推动商业模式的变革(Amit et al.,2001;George et al.,2011)。因此,本部分研究将进一步阐述机会识别在分布式领导与商业模式创新之间的中介机制。机会识别被认为是企业采取行动抓住机会的行为(Ozgen et al.,2007)。由于市场环境的快速变化、客户需求的日益多样,企业发展愈加依赖新的外部机会(Hamel,2012)。及时把握外部机会有利于企业应对复杂多变的商业环境,推动企业发展。本部分研究基于以下两个原因,提出机会识别是分布式领导与商业模式创新的中介机制。

第一,分布式领导有利于机会识别。分布式领导重视组织中每个成员的努力与参与,强调相互协作与信息分享,有助于组织及时获取新机会的相关信息,并将其传递至可理解的成员和领导,为机会识别创造重要的信息条件(朱瑜等,2014;Kondakci et al.,2016)。同时,分布式领导有利于提升信息收集和共享的效率,以及不同职能部门和业务单位之间的协调效应,进而提升企业的探索能力(Yinan et al.,2014)。机会识别的内在核心性质与探索性能力相一致(Ozgen et al.,2007),由此可见,分布式领导模式对机会识别有着显著的正向影响。

第二,机会识别能够促进商业模式创新。商业模式是在充分利用外部商业机会的基础上,进行价值创造的交易内容、结构和治理方式的设计(Amit et al.，2001)。为了充分利用已经识别的新商业机会,企业需要重新设计交易内容、交易结构与治理方式(George et al.，2011;周飞和孙锐,2016)。换言之,商业模式的核心就是设计新的商业模式以迎合新的商业机会。因此,对外部商业机会的快速识别能够直接推动商业模式创新(Chesbrough,2010)。

基于"认知—行为—结果"框架,结合上述分析,尽管分布式领导能够克服领导者的认知障碍和有限理性,但如果不采取适当的行为,分布式领导模式对商业模式创新的作用也将减弱。因此,我们假设:

假设 2:机会识别中介分布式领导与商业模式创新之间的关系,分布式领导能够通过机会识别行为促进商业模式创新。

三、组织敏捷性的调节作用

综上分析,本部分研究认为分布式领导能够通过促进机会识别正向影响商业模式创新。基于权变理论,作为一个动态过程,领导行为的有效性取决于与组织内外部情境的匹配程度(Gopalakrishnan et al.，1994;Markides et al.，2004)。组织敏捷性作为企业内部的特殊动态能力,能够帮助企业克服组织惯性,打破组织内部的制度惯例,推进企业探索创新(Sanchez,1995)。组织敏捷性主要表现为企业灵活的组织运作和调整能力,Lee 等(2015)指出,具备高组织敏捷性的企业,能够及时回应领导者的战略决策,调整组织结构以快速应对突发的战略部署(李艳红等,2003;Nazir et al,2012)。组织形式、资源管理以及运作过程的敏捷性与灵活性为企业创新提供了强有力的支持(Matthyssens et al.，2005;Chakravarty et al.，2013)。从这个意义上讲,组织敏捷性是一种补充性的关键资源潜力,能够帮助企业实现全面发展的能力组合(Busenitz et al.，1997)。因此,本部分将详述两种不同的组织敏捷性如何加强分布式领导与机会识别之间的相关性并最终促进商业模式创新。

市场利用敏捷性关注外部市场和客户需求的变化,强调对外部环境的及时感知和快速反应(Lu et al.,2011;Mikalef et al.,2017)。因此,市场利用敏捷性能在企业管理者识别外部机会时提供内部组织结构和资源的支持,促使企业及时识别外部商机,推动商业模式创新。此外,市场利用敏捷性对外部市场和客户需求的敏感性能够减弱领导者认知惯性带来的负面影响(Cai et al.,2013;Lee et al.,2015),对外部较为敏感的企业倾向于将动态环境视为发展的机遇来源,促使企业在实行分布式领导模式时更加注重对外部机遇的识别。最后,企业在及时了解外部市场动态信息时,为了确保企业内部的稳定性,做好充分的应对措施,会试图加强各部门之间的相互依赖关系,鼓励各部门协同合作,从而增强分布式领导的影响力(Zain et al.,2005;Chakravarty et al.,2013)。

运营调整敏捷性旨在组织内部结构和运营过程的快速调整,企业能够在外部环境发生变化时迅速改变内部业务流程,适应外部变化(高沛然等,2017)。基于此,运营调整敏捷性能够帮助企业打破现有制度化流程,并且寻找新的机会,探索新的解决方案(Chakravarty et al.,2013;高沛然等,2018)。因而,运营调整敏捷性能通过内部流程的灵活调整来支持分布式领导模式的实践,并且为分布式领导识别外部机会扫清障碍。同时,拥有高运营调整敏捷性的企业,更容易形成相互依赖和互相协调的运营模式,新模式进一步改变了组织成员的分工,提升了企业识别外部机会的能力(高沛然等,2017;高沛然等,2018)。综上,我们假设:

假设 3a:市场利用敏捷性正向调节分布式领导和机会识别之间的关系,市场利用敏捷性越强(越弱),分布式领导对机会识别影响越强(越弱)。

假设 3b:运营调整敏捷性正向调节分布式领导和机会识别之间

的关系,运营调整敏捷性越强(越弱),分布式领导对机会识别影响越强(越弱)。

第二节 研究设计

一、样本选择与数据收集

本书的研究样本来自地方政府的企业名单目录,从中选取符合条件的高新技术企业作为研究样本:第一,企业提供了清晰的联系方式,便于问卷调查;第二,为避免异质性问题,样本企业不包括微型企业(员工少于 20 人)。本书研究样本涵盖电信、生物制药、制造业、化学新材料以及信息技术等高新技术企业。选取中国的高新技术企业作为研究对象的原因在于,中国作为世界上最大的新兴经济体,其高新技术企业发展迅速,竞争环境激烈,对商业模式创新有更大需求,观察到商业模式创新的概率较大(Wei et al., 2014b)。另外,高新技术行业开放式创新模式较多,企业组织结构大多较为柔性化,有利于对开放式创新模式之间,以及其与商业模式创新关系的考察。为了确保问卷调查的可信度,本部分研究在调查之前,对问卷进行了双向翻译,并且邀请企业管理者以及研究团队中的博士生对问卷的表达和措辞进行了修正。随后为了测试问卷的信效度,本部分研究进行了小范围的初步测试调查(探索式因子分析),检验量表信效度,结果显示问卷题项信效度合格。

初步测试调查结束后,我们进行了正规的问卷调查。为了确保问卷发放的有效性和及时性,我们与市场调查公司进行了合作,借由网络问卷星平台发放并回收问卷，同时结合高校 EMBA 资源，进行线下问卷发放。本次发放问卷的时间周期为 2017 年 3 月至 2017 年 9 月。本部分研究样本共有 550 家高新技术企业，问卷主要发放给企业内中高层管理者，问卷发放时详细描述了本部分研究的研究目标。在问卷回收期内共回收 269 份问卷，剔除存在缺失值或存在问题的问卷，最终获取 245 份有效问卷，有效应答率为 44.5％。为了确保本次研究不受无应答偏误的影响，我们基于回复时间先后将回复问卷分为两个部分：早期回复问卷与晚期回复问卷，并对两部分问卷受访者的年龄、所在企业规模与资本状况进行了差异性对比，结果发现两组之间不存在显著差异，无应答偏误不存在。

问卷填写者中，66％在公司工作超过 5 年，17.2％在公司有 3～5 年的工作经验；35％在 45 岁以上，41％为 30～40 岁，24％在 30 岁以下；男性占 72.2％，女性占 27.8％。在 245 家接受问卷调查的公司中，39.6％的样本是规模较大的企业，员工人数在 500 名员工以上且很大一部分企业员工人数超过 1000 人。样本企业平均年龄为 11.02 年(SD ＝ 5.562)。

二、测量与效度

本部分研究变量的信效度合格，所有量表都是在以往研究基础上适当修改而成的。为了确保量表题项的可信度，本部分研究邀请了 20 位企业高层管理人员对量表进行事前的核对和修改。他们针对量表中题项表述是否清晰、能否客观反映结构变量内容提出了详细的修改意见，依据这些意见与反馈，我们对调查问卷做了进一步修改。本调查问卷中所有变量均采用从 1(非常不同意)到 5(非常同意)的五点式李克特量表法测量。使用 Anderson-Rubin 方法获取因子载荷，分析量表信度(α＞0.6 的阈值)。

（一）分布式领导

本部分研究采用了 Hulpia 等（2009）开发的验证量表，并在其基础上进行了适当的修改，量表由领导力合作和领导力支持两个维度组成。分布式领导实践表明，企业内部领导力不仅在正式领导者之间分布，也在领导者与员工之间分布，因此，测量领导合作和领导支持的题项侧重于正式分布和非正式分布这两个方面。为了让分布式领导量表更加契合组织层面的探讨，本部分研究对 10 家企业的 20 名高层管理者进行了访谈，他们对分布式领导题项的内容进行了分析。受访者以1至4的分数（1 = 不相关，2 = 有点相关，3 = 非常相关，4 = 高度相关）评估了分布式领导量表的每个题项，我们利用 CVI（内容有效性指数）评估了测试者给出的最终结果，推断测量题项能否反映测量变量，以及量表结构是否合理等（Sirén et al.，2012）。计算结果（见表 3.1）显示，分布式领导量表中每个题项的 CVI 值都高于阈值（0.8），表明该量表能充分反映分布式领导的内容。量表中领导力合作与支持的 α 值分别为 0.791、0.772，量表总体 α 值为 0.815。因子载荷系数为 0.632~0.710，超过了 0.6 的最低阈值（Sirén et al.，2012）。结果表明分布式领导量表信度合格。

表 3.1　分布式领导量表

变量名称	编号	题项
领导合作	LC1	我们公司的领导集体决定企业大的运营方向
	LC 2	我们公司的领导支持我们积极达成企业的运营目标
	LC 3	我们公司的领导与员工为了企业的核心发展目标共同努力
	LC 4	我们公司的领导与员工清楚地了解自己的分工与任务
	LC 5	我们公司的领导与员工都有着清晰的发展目标

续表

变量名称	编号	题项
领导支持	LS1	我们公司的领导在做战略决策时会考虑员工的建议
	LS2	我们公司的领导们热衷于互相合作
	LS3	我们公司的领导在批评下属时会给出理由
	LS4	我们公司为员工之间的互动提供一定的保障
	LS5	我们公司鼓励员工提升自己的专业能力

(二)机会识别

本部分采纳 Guo 等(2016)检验通过的拥有 5 个题项的量表来测量机会识别,具体从政策环境、技术环境、制度环境、客户需求和偏好、经济环境等方面考察机会识别的程度。量表的 α 值为 0.842,项目的因子载荷系数为 0.678~0.81,信度较好,详见表 3.2。

表 3.2 机会识别量表

变量名称	编号	题项
机会识别	OR 1	根据客户需求和偏好的变化搜索和识别机会
	OR 2	根据技术环境的变化搜索和识别机会
	OR 3	根据经济环境的变化搜索和识别机会
	OR 4	根据制度环境的变化搜索和识别机会
	OR 5	根据政策环境的变化搜索和识别机会

(三)商业模式创新

本部分采用 Guo 等(2016)修改的 Zott 等(2007)的拥有 8 个题项的量表来测量商业模式创新。量表整体因子载荷系数为 0.664~0.757,α 值为 0.811,信度良好,详见表 3.3。

表 3.3　商业模式创新量表

变量名称	编号	题项
商业模式创新	BMI 1	我们的商业模式提供产品、服务和信息的新组合
	BMI 2	我们的商业模式吸引了很多新客户
	BMI 3	我们的商业模式吸引了许多新的供应商和合作伙伴
	BMI 4	我们的商业模式以新颖的方式将商业参与者联系在一起
	BMI 5	我们的商业模式以新颖的方式将参与者与交易联系起来
	BMI 6	我们经常在我们的商业模式中引入新的想法和创新
	BMI 7	我们经常在业务模型中引入新的运营流程、例程和规范
	BMI 8	总体而言,我们的商业模式是新颖的

(四)组织敏捷性

组织敏捷性包含市场利用敏捷性与运营调整敏捷性。本部分研究采用的是 Lu 等(2011) 开发的量表,量表中两个变量分别包含三个题项,共六个题项。题项分别反映了企业在市场利用与运营调整两方面的感知与回应的敏捷性。市场利用敏捷性量表检验得到的 α 值为 0.742,题项因子载荷系数为 0.699~0.714;运营调整敏捷性量表的 α 值为 0.802,题项因子载荷系数为 0.733~0.803,两个变量的信度均较好,详见表 3.4。

表 3.4　组织敏捷性量表

变量名称	编号	题项
市场利用敏捷性	MCA 1	当外部市场/客户发生变化时,我们能很快制定并实施适当的决策
	MCA 2	我们不断寻找方法来重塑/重构我们的组织结构,以更好地服务我们的市场
	MCA 3	我们将与市场相关的变化和混乱视为快速资本化的机会
运营调整敏捷性	OPA 1	我们可以快速调整我们的生产/服务水平,以应对市场需求的波动
	OPA 2	当供应商的供应中断时,我们都可以迅速做出合理的备用安排和内部调整
	OPA 3	我们能满足快速响应的要求,满足客户的特殊要求,我们的客户对我们的能力充满信心

（五）控制变量

为了降低研究中内生性问题的潜在影响，同时增强结果的稳健性，本部分研究引入了企业层面、产业层面的控制变量。以往研究表明，企业的规模、年龄及其所处行业会影响其战略选择，因此本部分研究将企业的规模、年龄及其所处行业纳入控制变量的范围。企业规模用员工人数衡量，企业年限用成立时间的长短表明。参酌 Huergo 等（2004）的研究，本部分研究利用虚拟变量对不同企业规模和行业进行了编码，1 代表是该规模和行业，否则编码为 0。企业规模编码结果：S1 表员工人数少于 100 人，S2 表员工人数为 101～500 人，S3 表员工人数为 501～1000 人，超过 1000 人的企业规模作为参考基准变量。行业差异共构造了 4 个虚拟变量，编码结果为：IC1 为电信，IC2 为生物制药，IC3 为制造，IC4 为新材料和化学品，IT 为基准参考变量（Cohen et al.，2003）。

第三节　分析和结果

一、效度分析与描述性分析

为了测量聚合效度，本部分研究检验了各个变量的平均方差抽取值（AVE），结果显示，最低的 AVE 值为 0.502，大于最低阈值（0.5），表明量表聚合效度较好。随后，本部分研究通过两种方法检验了构念间的区分效度。首先，采用验证性四因素分析竞争模型技术（替代模型策略），从表 3.5 可以看出，四因素模型中各项指标结果均优于其他模型，与实际的模型拟合结果最优，这表明四个主变量之间相互独立，区分效度良好。其次,采用 Anderson 等(1988)的配对组合检验,对三个主变量(分布式领导、机会识别和商业模式创新)进行了随意配对,随后采用卡方值检验。任意一对变量构建两个模型:约束模型与非约束模型。在约束模型中,协方差固定为 1,非约束模型中的协方差不固定。结果显示,非约束模型拟合指数优于约束模型($p<0.001$),详见表 3.6。最后,对整体模型的拟合度进行了检验,发现模型与数据拟合度良好($\chi^2/\mathrm{df} = 1.871$,CFI $= 0.942$,TLI $= 0.931$,SRMR $= 0.032$,RMSEA $= 0.063$)。综上,所有变量的效度良好。

表 3.5　构念的区分效度

模型	χ^2/df	RMSEA	CFI	TLI	SRMR
五因素	1.871	0.063	0.942	0.931	0.032
四因素	2.171	0.068	0.880	0.831	0.052
三因素	2.257	0.069	0.838	0.825	0.057
二因素	2.314	0.071	0.830	0.818	0.058
单因素	2.456	0.075	0.811	0.795	0.060

表 3.6　区分效度检验

	机会识别			商业模式创新		
	χ^2	df	p	χ^2	df	p
分布式领导	375.688	154	0.000	365.432	125	0.000
	468.653	155	0.000	456.377	126	0.000

表 3.7 给出了本部分研究涉及变量的均值、标准差以及相互之间的相关系数。可以看出,分布式领导、机会识别、环境动态性与商业模式创新之间呈显著相关,因此需要考察变量之间的相互作用。此外,所有变量之间的相关系数低于 0.5,可以认为本部分研究不存在多重共线性问题。

表 3.7 变量之间的相关性（N=245）

变量	M	SD	1	2	3	4	5	6	7	8	9	10	11	12
S1	0.1450	0.35281	—/—											
S2	0.3969	0.49020	-0.334*	—/—										
S3	0.1527	0.36036	-0.175**	-0.344**	—/—									
企业年限	110.02	0.70449	0.003	-0.132*	-0.047	—/—								
IC1	0.5992	0.49099	-0.172**	0.186**	0.261	-0.233**	—/—							
IC2	0.0267	0.16157	-0.001	-0.086	-0.005	0.038	-0.203**	—/—						
IC3	0.1347	0.34493	0.182**	-0.097	-0.169**	0.077	-0.488**	-0.066	—/—					
IC4	0.0878	0.28353	0.064	-0.059	-0.132*	0.155*	-0.379**	-0.051	-0.124	—/—				
分布式领导	30.7873	0.60975	-0.010	-0.059	0.081	-0.025	0.307**	-0.132*	-0.099	-0.182**	—/—			
机会识别	30.7099	0.64768	-0.073	-0.025	0.049	-0.030	0.257**	-0.017	-0.078	-0.229**	0.542**	—/—		
商业模式创新	30.7111	0.59769	-0.077	0.002	0.037	-0.001	0.232**	-0.035	-0.134*	-0.175**	0.551**	0.580**	—/—	
市场利用敏捷性	30.7948	0.70449	-0.096	0.056	0.052	0.023	0.238**	-0.078	-0.092	-0.183**	0.483**	0.496**	0.465**	—/—
运营调整敏捷性	30.5212	0.64523	-0.087	0.043	0.047	0.026	0.216**	-0.048	-0.085	-0.136*	0.372*	0.415*	0.421*	00.478**

注：S1 <100，101≤S2 <500，500≤S3<1000；IC1 为电信，IC2 为生物医药，IC3 为制造，IC4 为新材料。****、**、* 表示在 1%、5%、10%的水平上显著。

二、假设检验

本部分研究采用分层回归法检验上述假设，此回归方法适用于检验假设中介调节关系（Preacher et al.，2007）。Baron 等（1986）提出检验因果条件有三个步骤：首先，检验自变量是否显著影响因变量；其次，检验自变量和中介变量之间的关系；最后，将自变量、中介变量同时纳入模型进行分析。倘若中介变量显著影响因变量，同时自变量对因变量的影响显著降低，则中介效应显著。本部分研究的检验过程及中介效应的检验结果详见表 3.8。

模型 1 加入所有的控制变量；模型 2 加入调节变量（组织敏捷性），考察其对商业模式创新的影响；模型 3 加入主变量分布式领导。中介检验第一步，模型 3 显示，分布式领导与商业模式创新显著正相关（$\beta = 0.243, p < 0.01$），假设 1 得到支持。模型 4 为检验第二步，结果显示，分布式领导积极地影响机会识别（$\beta = 0.192, p < 0.01$），即分布式领导在组织中的水平越高，组织对外部机会识别的能力就更强。随后，考察中介变量对因变量的影响。模型 5 结果显示，机会识别对商业模式创新也有积极的正向影响（$\beta = 0.212, p < 0.01$）。模型 6 同时加入分布式领导与机会识别，结果显示机会识别对商业模式创新存在显著的正向作用（$\beta = 0.103, p < 0.01$），分布式领导与商业模式创新之间的正向关系有所减弱（$\beta = 0.161, p < 0.05$），依据三步检验法，假设 2 中机会识别的中介效应得到验证。变量之间的具体关系为分布式领导影响商业模式，同时能够通过机会识别间接促进商业模式创新。

表 3.8 直接效应、中介效应及调节效应结果

效应	变量	商业模式创新 模型 1	模型 2	机会识别 模型 3	模型 4	商业模式创新 模型 5	模型 6	机会识别 模型 7	模型 8
直接效应	S1	-0.093	-0.037	-0.071	-0.045	-0.034	-0.041	-0.039	-0.047
	S2	-0.123	-0.136*	-0.024	0.021	-0.057	-0.036	0.007	0.015
	S3	-0.078	-0.096	-0.037	-0.034	-0.036	-0.027	-0.041	-0.037
	企业年限	0.034	-0.021	-0.016	0.017	-0.021	-0.032	0.021	0.014
	IC1	0.252*	0.198*	0.073*	-0.060	0.121*	0.049	-0.063	-0.065
	IC2	0.023	0.053	0.067	0.047	0.036	0.051	0.042	0.047
	IC3	0.009	0.089	0.004	-0.085	0.068	0.042	-0.092	-0.086
	IC4	-0.178	-0.078	-0.069	-0.056	-0.051	-0.049	-0.052	-0.058
	市场利用敏捷性		0.11**		0.092	0.101	0.071	0.067	0.064
	运营调整敏捷性		0.16*	0.052	0.071	0.070	0.059	0.050	0.055
主效应	分布式领导			0.243**	0.192**	0.212**	0.161*	0.137***	0.112**
中介效应	机会识别						0.103**		
调节效应	分布式领导 * 市场利用敏捷性							0.114**	
	分布式领导 * 运营调整敏捷性								0.081

变量		商业模式创新		机会识别		商业模式创新		机会识别	
		模型 1	模型 2	模型 3	模型 4	模型 5	模型 6	模型 7	模型 8
调节效应	R^2	0.135	0.191	0.387	0.390	0.330	0.415	0.384	0.369
	调整后的 R^2	0.079	0.156	0.363	0.374	0.320	0.391	0.377	0.354
	F	4.795***	10.949***	53.362***	40.374***	56.671**	55.159***	34.270***	33.034**

注:S1 <100, 101≤S2 <500, 500≤S3<1000;IC1 电子信息, IC2 生物医药, IC3 制造业, IC4 化工与新材料。*** 、** 、* 表示在 1%, 5%, 10%水平上显著。

　　模型 7 检验了组织敏捷性的调节作用，在前面模型的基础上添加了分布式领导与不同组织敏捷性的交互项。自变量与调节变量被标准化后进行交互转化形成交互项。结果显示，市场利用敏捷性越高，分布式领导对机会识别的正向影响越强（$\beta = 0.114, p < 0.01$）。具体关系表现为：市场利用敏捷性越高，分布式领导模式越能凸显自身的优势，促使企业高效地完成机会识别；相反，市场敏捷性较弱时，分布式领导模式的有效性被削弱，组织倾向于以往自上而下的领导决断，对机会识别的作用会降低，如图 3.2 所示。因此，假设 3a 得到支持。然而，运营调整敏捷性对分布式领导与机会识别的调节作用尽管是正向的，但作用并不显著（$\beta = 0.081, p > 0.1$），假设 3b 没有得到验证。

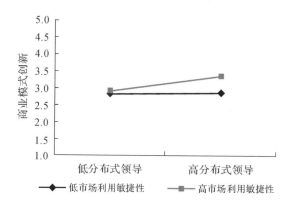

图 3.2　市场利用敏捷性的调节作用

　　为了更深入地了解市场利用敏捷性的调节效应，本部分研究利用拔靴法（bootstrapping）测量了间接效应在低水平（$-1SD$），平均水平与高水平（$+1SD$）市场利用敏捷性下的变化（Preacher et al., 2007）。表 3.9 显示了不同水平的市场利用敏捷性下的间接效应的变化，结果在 95% 的置信区间之内。结果显示，不同层级的市场利用敏捷性，两个置信区间之间不存在零，因此，市场利用敏捷性的调节作用显著（$p < 0.01$）。此外，还可以发现，分布式领导对机会识别的影响在高市场利用

敏捷性($\beta = 0.45$)时比在低市场利用敏捷性($\beta = 0.35$)时作用更强。

表 3.9 市场利用敏捷性调节下间接作用分析

项目	市场利用敏捷性	效应	95%LLCI	95%ULCI
机会识别	$-0.7(-1SD)$	0.35(0.62)	0.31	0.46
机会识别	0(均值)	0.37(0.57)	0.36	0.48
机会识别	$-0.7(+1SD)$	0.45(0.61)	0.43	0.57

三、共同方法偏差

本部分研究采用了多种方式来避免共同方法偏差,主要分为事前控制和事后控制。事前控制包括将问卷中变量的顺序进行随机编排,以及确保被调查者在匿名状态下填写问卷等等。事后控制主要通过单因素检验,将所有变量进行探索性因素分析。单因素分析结果显示,所有因素解释总变量的占比仅为60%。事前事后控制结果表明本部分研究不存在共同方法偏差。

第四节 结论与讨论

基于动态能力理论,本部分研究考察了分布式领导、机会识别与商业模式创新之间的关系。尽管学者们一直在探究商业模式创新的前因因素(Casadesus-Masanell et al.,2013),鲜有研究考察特殊领导模式对商业模式创新的驱动机理。事实上,在商业模式创新的决策过程中,领导者的认知能力和决策范式扮演了极为重要的角色(Chesbrough,2010;Lindgren,2012)。企业领导者能否有效地诊断企业当前的商业环境,挖掘有潜在价值的商业机会并给出战略执行决策,决定了企业商业模式创新能否走向成功(Foss et al., 2015)。在商业模式创新过程中,领导者往往会囿于根据以往决策经验形成的认知结构,无法做出合理有效的机会识别行为。因此引入分布式领导模式探究其对商业模式创新的影响机理,有助于对商业模式创新前因机制形成更加深入的了解。研究结果揭示,领导者促进商业模式创新的能力根植于他们对自身领导力分配的合理性。分布式领导可以通过克服领导者的认知障碍和有限理性直接推动商业模式创新,同时也能通过促进机会识别行为来推动商业模式的创新。该结果论证了分布式领导的有效性,同时也为商业模式创新提供了新的解释路径。

本部分研究对商业模式创新前因的探索有一定的贡献。首先,研究结果表明分布式领导可以克服高层领导决策的认知障碍,对商业模式创新有显著的推动作用(Chesbrough,2010;Martins et al., 2015)。先前研究呼吁考察高层领导风格对商业模式创新的驱动作用(Gerasymenk et al., 2015),本部分研究结论对此做出了回应,并给出了具体的驱动机理。此外,结论也进一步证实了商业模式创新的不同结果取决于领导者克服认知障碍的能力以及领导力的合理分配(Chesbrough,2007)。其次,对分布式领导模式的关注,为商业模式创新的实现路径提供了新的脚本。分布式领导能够直接作用于商业模式创新,这为商业模式创新研究提供了独立于组织其他策略的直接驱动因素。同时,研究结果显示,分布式领导能够通过降低企业管理者的认知惯性,推动机会识别行为,促进商业模式创新,该结论揭开了分布式领导实践如何影响商业模式创新的"黑匣子"。

本部分研究将分布式领导的研究领域从教育学拓展到商业管理,将分布式领导引入组织管理领域进行探索,拓展了分布式领导的研究领域,同时也回应了 Harris (2009)对分布式领导进行教育学以外的研究的呼吁。此外,以往对分布式领导的探究多集中于案例研究

(Kempster et al.，2014)或理论分析(Mehra et al.，2006；张晓峰，2011)，鲜少有系统性的实证分析。本部分研究通过定量分析验证了分布式领导、机会识别与商业模式创新三者之间的关系，证实了案例分析中分布式领导是战略管理中重要的领导实践模式的推断(Fitzgerald et al.，2013)，并且进一步丰富了分布式领导模式的研究方法。另外，资源基础观与动态能力理论强调了企业内部能力在组织创新中的重要作用。研究结果显示，市场利用敏捷性正向调节了分布式领导与机会识别之间的关系，进一步验证了权变理论的基本框架，同时肯定了市场利用敏捷性的积极作用。运营调整敏捷性的调节作用不显著，主要原因可能在于，市场利用敏捷性是外部聚焦的企业能力，对外部市场和顾客需求变化的直接感知和快速回应能够帮助管理者掌握商业机会。相较之下，运营调整敏捷性是内部运营聚焦的敏捷性，侧重于对内部组织机构和运营策略的调整，尽管能够为分布式领导模式的执行提供基础，但在应对外部市场和客户需求的变化时略显不足，机会识别往往依赖于管理者对市场和顾客需求的敏锐感知和及时回应。因此运营调整敏捷性的调节作用较之市场利用敏捷性不够显著。本部分研究基于资源基础观的框架，为理解分布式领导如何克服认知障碍、影响机会识别、促进商业模式创新夯实了基础，同时也进一步界定了分布式领导的权变情境因素。

从实践意义上看，研究证实分布式领导模式的推行有利于企业复杂战略决策的制定。倘若一个企业的高层领导将其领导成员仅仅视为领导团队中独立的个体，而非团队不可或缺的成员，那么该企业将无法简化高层领导团队的管理流程，企业商业模式创新活动的管理将变得异常艰难。高层领导的有限理性以及认知惯性将会阻碍商业模式的创新过程，因此，高管团队应该突破只关注自身活动的屏障，尽可能创造条件培养其他中低层领导者以及组织员工的战略思维和专业知识。同时,Cope 等(2011)指出,相互信任、开放的沟通和培训对推行分布式领导至关重要,因此高层管理者可以通过创建互动式论坛、战略讲习班和培训班等方式鼓励组织成员相互沟通、相互分享,并且给予组织成员更多地参与战略管理事务。鉴于机会识别在分布式领导和商业模式创新之间重要的中介作用,企业管理者应确保组织对内外部环境有清晰的认知,尽量弱化层级体系,以便及时获取和整合信息,实现高效的机会识别。企业应该设法培养创造性的组织文化,鼓励组织成员采用积极主动的策略来解决竞争挑战。同时,管理者应该时刻留意外部竞争环境的变化,以便为战略决策做出更多的指导。

第四章　开放式创新、组织敏捷性对商业模式创新的影响机制研究

如今,商业模式创新已经成为企业追求巨大利润、获取竞争优势的有效途径(Chung et al.,2004;Foss et al.,2017a)。新的价值主张能够帮助企业快速地解锁新的市场并获取有效价值,通过对所获价值进行重新分配,为组织的繁荣发展夯实基础(Carayannis et al.,2015)。基于第三章对商业模式创新认知惯性的探讨,考虑到商业模式创新的主要特征,重构商业模式仍然困难重重。当前研究发现,尽管企业管理者能够克服认知惯性,及时把握外部创新机会,引导商业模式创新,但是仍有大部分企业在商业模式创新过程中失败甚至拒绝进行商业模式变革。考虑到失败的风险,Chesbrough(2010)认为资源约束和路径依赖制约了商业模式创新的进程,是商业模式创新执行阶段应该被重点考察的主要障碍。

商业模式创新是一个依赖于资源重构与能力整合的活动系统(周飞等,2016;Wei et al.,2017),其创新过程伴随着资源重新配置,或企业交易结构、业务管理方面的变革(Amit et al.,2012)。一方面,资源的重新配置与交易结构的转变需要重新建立其与利益相关者之间的合作网

络关系(Lepak et al.，2007)，并且在网络中重新搜索并利用新资源，这种内部流程与资产的重新配置往往会与企业现有商业模式产生冲突(Chesbrough，2010；DaSilva et al.，2014；魏泽龙等，2017a)。另一方面，大多数企业在进行创新活动时都会面临资源不足的问题，资源限制会导致企业过多地依赖以往的商业模式，对创新商业模式产生抵触。因此商业模式创新需要更多的资源以及灵活的商业运作(Cinzia et al.，2017)。Berglund 等(2013)强调，有关商业模式创新的研究不应局限于对其内部障碍的分析，还应透过现象找出本质问题，关注如何克服资源限制，以及这些限制带来的一系列能力不足的问题。

考虑到内部资源的有限性，战略管理研究提出，开放组织边界搜索外部资源与机会(Cassiman et al.，2016)，或与外部组织建立联盟合作关系并与合作伙伴交换资源(资源流入和流出)(Cheng et al.，2014)，能够有效地帮助企业获取必要资源(Lee et al.，2010)。这种获取与利用外部资源的实践方式被称为开放式创新。开放式创新包含两种不同模式：内向型开放式创新与外向型开放式创新。内向型开放式创新是企业积极获取外部技术、资源与知识以补足内部资源基础，进而进行创新的过程(Brunswicker et al.，2015)，强调外部资源的获取。而在外向型开放式创新中，企业通过非传统形式(如拆分公司、出售知识产权或技术许可证)将技术推向市场(Chesbrough，2003b；Lichtenthaler et al.，2009；Hung et al.，2013)，这种创新重在对外部资源的利用(Camerani et al.，2016)。采用开放式系统视角考虑开放式创新实践方式是当前企业提升创新效率、提高产品质量、掌握竞争优势的重要手段(Berglund et al.，2013)。基于开放式创新不同模式的运作方式以及效能的差异，本部分研究将同时考察不同开放式创新模式对商业模式创新的影响。

另外，组织创新过程中的路径依赖要求企业内部结构更具有灵活性，能够及时进行资产整合和协调。Doz 等(2010b)指出，企业需要具备战略敏捷性,以便能够灵活整合内部资产,重新分配资源,在追求战略创新的过程中灵活转变商业模式。这种敏捷性与 Tushman 等(1996)提倡的组织二元性的想法类似,商业模式创新需要化解现有运作路径与新资源之间的冲突,克服路径依赖。组织敏捷性是企业内部的一种动态能力,能够帮助企业及时感知并且调整组织内部结构、整合资源、响应客户的新需求,同时能够及时感知和响应竞争对手的变化(Lu et al.,2011;Chakravarty et al.,2013),一般分为运营调整敏捷性和市场利用敏捷性。然而现有研究多考察战略敏捷性,重视组织结构的灵活性,对市场感知、机会掌握的敏捷性关注较少,本部分研究将战略敏捷性延伸到组织敏捷性,以考察商业模式创新的驱动因素。

　　资源基础观认为,企业难以模仿的、有价值的资源是其成功的基石(Barney et al.,2001;Kozlenkova et al.,2014),开放式创新能帮助企业克服资源限制,其包含着能够指导组织战略管理的重要知识资源(Brunswicker et al.,2015)。动态能力理论进一步强调,为了保障创新和变革的成功,组织需要借助其动态能力对资源进行利用,以调整组织结构完成创新(Teece,2007)。组织变革理论与商业模式研究也强调商业模式创新离不开对市场变化的感知和回应(Casadesus-Masanell et al.,2013)。因此,本部分研究认为,开放式创新能通过组织敏捷性对商业模式创新产生影响,基本逻辑是,通过开放式创新获取足够的资源从而克服资源限制,这种资源获取方式通过组织敏捷性对运营系统和市场系统进行调整,从而帮助企业克服路径依赖,最终推动商业模式创新。

　　基于资源基础观与动态能力理论,本部分研究探讨了不同开放式创新战略(内向型与外向型)与不同类型组织敏捷性(市场利用敏捷性和运营调整敏捷性)对商业模式创新的驱动机理。从理论上看,本部分研究提供了三个方面的贡献:首先,当前关于商业模式创新驱动因素的研究大都集中在对外部因素的探讨,对企业内部资源和能力的考察较少,本部分研究分别考察了不同开放式创新模式通过组织敏捷性对商业模式创新的影响,有利于深化对商业模式创新前因的认知。其次,本部分研究对开放式创新与组织敏捷性能否克服资源限制与路径依赖、推动商业模式创新进行了探索,明确了开放式创新、组织敏捷性与商业模式创新三者之间的关系,并阐明了开放式创新影响商业模式创新的内在机理。最后,本部分研究考察了不同类型开放式创新与不同维度组织敏捷性的关系,有助于深化对开放式创新与组织敏捷性之间多维度关系的理解,为探究开放式创新与商业模式创新之间的关系提供了新视角。

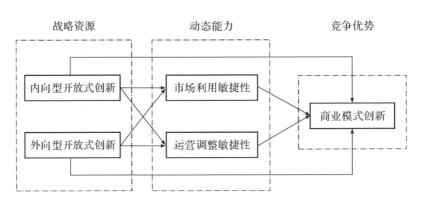

图 4.1　本部分研究框架

第一节　理论基础与研究假设

一、开放式创新与商业模式创新

商业模式创新是企业重组内部流程与资源的复杂过程,强调企业需要做什么以及如何实施新配置为客户提供新的价值主张(Velu,

2015）。价值创造被广泛认为是企业获得竞争优势的主要来源（Porter，1980）。因此，企业通过重建价值主张、交易内容与结构的商业模式创新能够保障企业的可持续发展（Teece，2017）。尽管商业模式创新是企业成功的关键因素，但其执行过程通常会面临一系列阻碍，导致企业无法成功实现创新，其中资源限制与路径依赖是阻碍商业模式创新的关键因素（Chesbrough，2010；DaSilva et al.，2014）。因此，对外部知识与资源进行获取与利用的开放式创新对商业模式创新具有积极的促进作用。

内向型开放式创新侧重于对外部知识与资源的搜索，倾向于探索式活动并推动组织进行探索式学习，跨组织的探索式学习能够帮助组织从外部合作伙伴中获取多样性知识（Sisodiya et al.，2013；Brunswicker et al.，2015）。具体而言，侧重于对外部资源和技术的搜索与获取的企业倾向于尝试新方案，并采纳多种方法解决问题，如引入其他领域的方法加以利用（Lakhani，2013）。基于此，内向型开放式创新有利于促进企业内部多样化知识的利用，从而解决商业模式创新涉及的各层次活动产生的问题，并且能够增强企业整合内部资源的能力（Scuotto et al.，2017）。一方面，丰富的知识储备有助于企业创造独特的技术，技术的独有性进一步强化产品和服务的特殊性，形成企业的竞争优势，帮助企业占领市场并及时发现新价值主张。Huang 等（2013）指出，创新型企业往往依赖各种资源来加强技术以寻求有效的商业模式，最终实现绩效提升。另一方面，商业模式创新也依赖于外部搜索，积极的外部搜索将企业与其外部参与者紧密联系起来，推动了企业与利益相关者之间的合作关系（Laursen et al.，2006），这种合作关系包括战略联盟、协同合作等，均有利于提高企业创新效率，加大创新成功的概率。此外，企业与利益相关者之间关系的改善推动了企业交易结构和交易内容的适应性转变，也会推动商业模式创新。因此，我们假设：

假设 1：内向型开放式创新对商业模式创新有显著的正向影响。

与内向型开放式创新不同，外向型开放式创新旨在利用企业边界之外的技术资源进行内部技术的商业化（Camerani et al.，2016），因此，当企业在商业模式创新过程中面临对外部市场把握缺失与市场资源缺乏时，外向型开放式创新能帮助企业在利用外部资源商业化过程中将市场信息进行吸收与整合，为商业模式创新的新资产配置组合指明方向（Kutvonen，2011）。在外向型开放式创新过程中，企业不仅将未完成的技术通过外部合作伙伴实现商业化，同时也出售内部冗余的技术创新成果，这为企业带来更多的经济收益（Lichtenthaler，2009），为商业模式创新提供足够的经济基础。尽管外向型开放式创新会带来知识产权泄露的风险（Camerani et al.，2016），但从长远考虑，外向型开放式创新能够通过出售知识产品、技术许可实现自身技术外溢、扩散以及行业标准的输入（Hung et al.，2013），从而提高的企业声誉（Almirall et al.，2010；Hu et al.，2015）。企业声誉的提高将会扩大企业当前的创新网络，吸引更多的市场参与者与之建立合作关系，这为企业商业模式创新奠定了新价值网络、新交易结构的基础。同时，外向型开放式创新会给企业带来新的市场领域，使得企业拥有更多的资源以确立其在行业竞争中的优势地位。事实上，许多案例研究表明，外向型开放式创新可以提升公司的创新水平（Kline，2003）。例如，Kutvonen（2011）对外向型开放式创新的战略价值做了解释，认为它可以获取和学习新鲜知识以保持公司的领先地位并为产品、服务等创新提供保障。因此，我们假设：

假设 2：外向型开放式创新对商业模式创新有显著的正向影响。

二、组织敏捷性与商业模式创新

组织敏捷性是企业快速适应外部动态环境并积极调整内部流程的能力(Sambamurthy et al.，2003；Chen et al.，2011)。基于其动态应对的特性,组织敏捷性被定义为企业内部一种关键的动态管理能力(Trinh-Phuong et al.，2010；Cai et al.，2013)。这种敏捷性有利于企业及时感知外部市场的威胁与机遇,并在此基础上快速转变内部运作,创新产品与服务,从而提升企业绩效(Agarwal et al.，2007；Tallon et al.，2011)。经文献梳理发现,组织敏捷性不仅能够对企业绩效产生影响,也能够通过推动新产品、新服务创新等形式促进企业创新。组织敏捷性不仅能够被动地应对外部环境的变化,也能快速并创新性地响应这种变化,这说明,组织敏捷性也是一种积极主动地抓住市场机遇、调整策略和组织业务以获取竞争优势的能力(Chakravarty et al.，2013；Lee et al.，2015)。Lu 等(2011)指出,组织敏捷可以分为运营调整敏捷性和市场利用敏捷性两个维度。其中运营调整敏捷性侧重于对内部流程的及时整合与调整,以此应对外部市场需求的变化；市场利用敏捷性强调以创新产品与服务来应对外部市场及客户的多样性需求。基于两种不同敏捷性的差异,本部分研究将分别考察不同类型敏捷性对商业模式创新的作用。

市场利用敏捷性聚焦于对外部机会的把握和利用,对外部变化保持着警觉状态(Sambamurthy et al.，2003；Cai et al.，2013)。这种敏捷性以外部为导向,当企业外部环境较为动荡时,它能够将这种变化转化为机会,促使企业及时并创新性地制定决策(Mikalef et al.，2017)。此外,市场利用敏捷性侧重于主动拥抱变化,强调企业家思维,这种思维能够帮助企业在实施特殊战略时把握正确的战略方向、制定科学合理的战略决策、克服企业在战略实施中所面临的困境(Lu et al.,2011),体现在商业模式创新过程中,即能够帮助企业克服经验主义所导致的路径依赖,推动商业模式创新。在商业模式创新过程中,原有商业模式会受到惯性的影响,重复先前的运作路径,市场敏捷性主动拥抱变化的特征,有助于企业克服此种路径依赖。再者,市场利用敏捷性能够获取足够的市场信息,为企业下一步的创新战略提供足够的机会,并且提供一定的指导(Chakravarty et al.,2013)。

与市场敏捷性不同,运营调整敏捷性以内部为导向,侧重于对企业内部业务流程的整合,以适应外部市场需求的变化。企业面临外部变化时,该类敏捷性通常通过调整产品、服务等方案进行内部整合(Lu et al.,2011),因此,其可以为企业提供更大的潜力支持创新的反复试验及"即兴创作"。运营调整敏捷性在进行内部流程调整时,会寻求新的合作伙伴,并且更加重视客户维系(高沛然等,2017)。基于此,运营调整敏捷性可以直接通过改变企业商业模式具体运营因素推动商业模式创新,也能够帮助企业建立新的交易网络与交易治理关系(Chakravarty et al.,2013)。同时,运营调整敏捷性的侧重点是响应外部环境变化的灵活,这种灵活性可以提升创新效率,确保创新过程中能够及时进行合理的战略整合和内部结构调整(Mikalef et al.,2017)。

假设3:市场利用敏捷性对商业模式创新有显著的正向影响。

假设4:运营调整敏捷性对商业模式创新有显著的正向影响。

第二节　组织敏捷性的中介作用

资源基础观认为，企业内部独特的资源是获取竞争优势的基础（Kozlenkova et al.，2014），然而仅仅拥有资源是无法切实保障企业长期运营的，资源需要通过能力进行利用与整合才能够充分实现自身的价值（Barney et al.，2001；Kozlenkova et al.，2014）。基于此，本部分研究认为开放式创新与组织敏捷性之间存在紧密的联系，组织敏捷性在开放式创新与商业模式创新之间起着中介作用。

第一，内向型开放式创新能够促进组织敏捷性。一是，内向型开放式创新能够为企业内部提供多样化的互补型知识，丰富的知识库容易降低创新风险（Camerani et al.，2016），因此其能够刺激企业创新引擎，并且在不断进行创新的过程中激活企业的敏捷性，既能够强化组织对外部市场的感知，也能够迅速调整内部运营系统，改善业务流程（Bianchi et al.，2016）。其次，外部资源的获取能够帮助企业与其他企业建立合作关系，促进知识在内外部的共享（Scuotto et al.，2017）。在知识共享氛围下，管理者可以摆脱对先前经验和以往路径的依赖，利用新资源、新知识对外部变化做出内部流程、产品、服务调整等决策（Wang et al.，2014），增强组织敏捷性。最后，较强的内向型开放式创新可以为企业对外部环境信号连续性的扫描提供足够的内部效率（Popa et al.，2017），这归咎于内向型开放式创新的探索性质。企业的动态管理在能够高效获取外部环境变化的基础上建立起来。总而言之，内向型开放式创新能够通过不断丰富企业内部知识储备、强化对外部环境的感知以及推动知识共享来增强市场资利用敏捷性及运营调整敏捷性。因此，我们假设：

假设 5：内向型开放式创新对市场利用敏捷性有显著的正向影响。

假设 6：内向型开放式创新对运营调整敏捷性有显著的正向影响。

第二，外向型开放式创新旨在对外部知识及资源的利用（陈劲等，2006；Mortara et al.，2011），其通过盘活与利用企业冗余的创新成果，为企业的运营和调整提供更多的经济支持与资源支撑。首先，外向开放创新能够帮助企业节省大量时间和资金，通过挖掘市场相关信息，利用技术掌握新兴市场机会（张振刚等，2015）。更多的市场机会可以帮助企业充分地接收和分析客户反馈，并密切关注竞争对手的活动，从而确保运营流程调整和市场资本化决策的有效性（Lu et al.，2011）。其次，外向型开放式创新往往需要对技术发展进行更广泛的扫描观测，以便找到潜在技术利用或激活创新的机会（Helm et al.，2019），对技术资源更广泛的关注可以为企业解决紧急事务奠定资源基础，提升技术能力（Peteraf et al.，2003）进而增强组织敏捷性。因此，我们假设：

假设 7：外向型开放式创新与市场利用敏捷性呈正相关。

假设 8：外向型开放式创新与运营调整敏捷性呈正相关。

通过上述分析，可知不同类型的开放式创新对不同形式的组织敏捷性有促进作用，内向型与外向型开放式创新，市场利用敏捷性与运营调整敏捷性对商业模式创新也存在促进作用。基于资源基础观与动态能力理论，本部分研究认为，开放式创新通过组织敏捷性对商业模式创新产生效应，基本逻辑在于，企业仅仅拥有知识资源是无法确保企业竞争优势的，需要通过动态能力对资源进行整合利用才能够为价值创造提供基础。因此，我们假设：

假设 9：组织敏捷性（市场利用敏捷性、运营调整敏捷性）在内向型开放式创新与商业模式创新的关系之间承担中介作用。

假设 10：组织敏捷性（市场利用敏捷性、运营调整敏捷性）在外向型开放式创新与商业模式创新的关系之间承担中介作用。

第三节　研究设计

一、样本选择与数据收集

本部分的研究样本来源和数据收集方式与第三章相同,因此不再赘述。样本具体描述详见表 4.1。

表 4.1　样本描述

要素	特征	频率	占比/%
职务	首席财务官	4	1.7
	首席运营官	16	6.5
	首席执行官	77	31.4
	总监及其他	118	48.2
	其他领导	30	12.2
性别	男性	177	72.2
	女性	68	27.8
员工	50 人以下	13	5.3
	50~100 人	27	11.0
	101~200 人	53	21.7
	201~500 人	55	22.4
	501~1000 人	59	24.1
	1000 人以上	38	15.5

二、变量测量

本部分所有量表都是参照经典文献所开发的量表,并基于研究情境进行适当修改而成的，问卷中所有变量均采用从1(非常不同意)到5(非常同意)的五点式李克特量表测量，题项具体描述见附录A。使用Anderson-Rubin方法获取因子载荷，分析量表信度(α>0.6的阈值)。

(一)开放式创新

本部分研究采用了Hung等(2013)等人开发并验证的开放式创新量表，并在其基础上进行了符合情境的语言修改，量表共10个题项，内向型开放式创新和外向型开放式创新各5项。信效度检验表显示，内向型开放式创新的α值为0.737，因子载荷为0.687~0.778，超过阈值0.6(Sirén et al.，2012)；外向型开放式创新的α值为0.801，因子载荷为0.607~0.794，超过最低阈值0.6(Sirén et al.，2012)，结果显示内向型开放式创新与外向型开放式创新的信度合格。开放式创新量表见表4.2。

表4.2 开放式创新量表

变量名称	编号	题项
内向型开放式创新	IO1	我们经常利用从外部获取的技术知识
	IO 2	我们会定期对外搜寻企业外部的创意和资源，为本企业创造价值
	IO 3	我们公司有专门的部门负责搜寻和获取外部知识和资源
	IO 4	为了获得更优的技术知识和产品，我们会主动寻求外部合作研发
	IO 5	我们与外部合作方建立了紧密的合作关系，并依赖他们的创新成果
外向型开放式创新	OU 1	我们愿意主动开展专业技术知识的对外交流(如出售专利)
	OU 2	我们将出售技术成果和知识产权作为企业的常规工作
	OU 3	我们有一个专门的部门(或小组)来负责知识成果的商业化运作(如出售，专利许可等)
	OU 4	我们欢迎其他的企业(或个人)购买和使用我们的技术及知识产权
	OU 5	我们很少与其他组织共同开展技术研发活动

（二）组织敏捷性

组织敏捷性包含市场利用敏捷性与运营调整敏捷性，采用的是 Lu 等（2011）开发的量表，量表中 2 个变量分别包含 3 个题项，共 6 个题项。题项分别反映了企业在运营调整与市场利用两方面的感知与回应的敏捷性。市场利用敏捷性量表检验得到的 α 值为 0.742，题项因子载荷系数范围为 0.699～0.714；运营调整敏捷性量表的 α 值为 0.802，题项因子载荷系数范围为 0.733～0.803。两个变量的信度较好。

（三）商业模式创新

本部分研究采用 Guo 等（2016）修改的 Zott 等（2007）的量表来测量商业模式创新，量表共 8 个题项。量表整体因子载荷范围为 0.664～0.757，α 值为 0.811，信度良好。

（四）控制变量

为了降低研究中内生性问题的潜在影响，同时增强结果的稳健性，本部分研究引入了企业层面、产业层面的控制变量。以往研究表明，企业规模、企业年龄以及所处行业的不同会影响其战略选择，因此本部分研究将企业规模、企业年龄及企业所处行业纳入控制变量的范围。企业规模用员工人数来表示，企业年限用成立时间的长短来表明，企业行业主要是高新技术行业的不同类型，例如电信、化学新材料、生物制药以及制造业等。

第四节 分析和结果

一、效度分析与描述性分析

表 4.3 显示了本部分研究各变量的均值、标准差以及各主变量之间的相关系数。结果显示，主变量之间存在显著的正相关性，并且相关系数都不高于 0.5，多重共线性问题得到排除。根据表 4.4，组合信度和 α 值均高于 0.70 的阈值，各变量题项因子载荷均高于 0.60 的阈值，表明量表的内部一致性、可靠性均在可接受范围内（Perreault et al.，1989）。此外，结果显示，所有平均方差提取值都超过了 0.50 的阈值，表明聚合效度较好。

为了验证量表区分效度，本部分研究采用了两种方式。首先，检验每个构念的平均方差抽取的平方根是否大于其与其他构念之间的最高相关性。结果表明，所有题项均良好地反映了各自的潜在变量（Ruiz et al.，2008）。其次，采用卡方差异检验，对每对结构进行配对卡方检验。在成对测试中，将限制模型（相关性固定为 1）与自由估计模型（不限制相关性系数）进行比较。结果表明，限制模型与非限制模型之间存在显著的卡方差异，变量之间的区分效度在可接受的范围之内（Anderson et al.，1988）。此外，相关性检验证实，不同构念之间的相关性存在显著差异，进一步验证了构念之间的区分效度。

表 4.3　描述性分析与区分效度

要素	标准差	1	2	3	4	5
内向型开放式创新	0.52267	0.708				
外向型开放式创新	0.58898	0.464*	0.725			
市场利用敏捷性	0.49879	0.424*	0.281*	0.709		
运营调整敏捷性	0.55162	0.306*	0.233**	0.475*	0.714	
商业模式创新	0.57535	0.321**	0.156*	0.403*	0.355*	0.701

注：**、*分别表示在5%、10%的水平上显著。

表 4.4　构念信效度

要素	组合信度	α 值	AVE	题项	Loading 值
内向型开放式创新	0.823	0.737	0.502	5	0.687～0.778
外向型开放式创新	0.818	0.801	0.527	5	0.607～0.794
市场利用敏捷性	0.847	0.742	0.504	3	0.699～0.714
运营调整敏捷性	0.835	0.802	0.510	3	0.733～0.803
商业模式创新	0.882	0.811	0.512	8	0.664～0.757

本部分研究中的开放式创新、组织敏捷性以及商业模式创新都是对个体进行评估，因此可能产生共同方法偏差，为此，本部分研究采用了多种方法对共同方法偏差进行控制。首先，调查过程中，我们将变量顺序打乱，同时保障受访者以匿名的形式参与，减少参与者在问卷调查过程中产生的主观偏误（Podsakoff et al.，2003）。其次，本部分研究进行了单因素模型的验证性因子分析，结果显示单因素模型的拟合度较差（$\chi^2/df = 2.37$，CFI $= 0.763$，TLI $= 0.752$，SRMR $= 0.071$，RMSEA $= 0.076$），方法因子并不能提高模型拟合度，该结果表明本部分研究中的共同方法偏差不会显著影响参数估计值（Tóth et al.，2015）。同时，整体结构模型的拟合指数显示研究模型拟合度较好（$\chi^2/df = 1.578$，CFI $= 0.918$，TLI $= 0.906$，SRMR $= 0.0568$，

RMSEA = 0.049)。因此,本部分研究不存在共同方法偏差问题。

二、结构模型分析

为了验证本部分研究中的假设,我们使用结构方程模型进行模型检验,AMOS 软件被用于此次分析,其对样本的要求与本部分研究契合,并能同时分析测量模型与结构模型。表 4.5 阐明了各变量之间的路径系数及显著程度,其中显著性由通过 2000 次的 Bootstrap 检验得出,结果显示,上述研究假设除外向型开放式创新对市场利用敏捷性与商业模式创新的正向关系没有得到验证外,其他 6 个假设均得到验证。内向型开放式创新对商业模式创新有显著的正向影响($\beta = 0.117$, SE = 0.193, $p < 0.05$),假设 1 得到验证;内向型开放式创新对市场利用敏捷性有正向促进作用($\beta = 0.314$, SE = 0.129, $p < 0.001$),假设 5 得到验证;内向型开放式创新对运营调整敏捷性有正向促进作用($\beta = 0.357$, SE = 0.089, $p < 0.001$),假设 6 得到验证;外向型开放式创新对运营调整敏捷性有正向促进作用($\beta = 0.283$, SE = 0.059, $p < 0.05$),假设 8 得到验证;外向型开放式创新对商业模式创新有正向作用,但是该作用不在显著范围之内($\beta = 0.091$, SE = 0.124, $p > 0.1$),假设 2 未得到验证;外向型开放式创新对市场利用敏捷性有显著的正向作用($\beta = 0.213$, SE = 0.082, $p < 0.001$),假设 7 得到验证;市场利用敏捷性对商业模式创新有积极的促进作用($\beta = 0.444$, SE = 0.190, $p < 0.05$);运营调整敏捷性对商业模式创新也有积极的促进作用,并且作用较强($\beta = 0.395$, SE = 0.203, $p < 0.001$)。

表 4.5　假设检验路径系数

假设	路径系数	β	SE	p	结果
假设 1	内向型开放式创新→商业模式创新	0.117	0.193	0.032	验证
假设 2	外向型开放式创新→商业模式创新	0.091	0.084	0.146	未验证
假设 3	市场利用敏捷性→商业模式创新	0.444	0.190	0.004	验证
假设 4	运营调整敏捷性→商业模式创新	0.395	0.203	0.000	验证
假设 5	内向型开放式创新→市场利用敏捷性	0.314	0.129	0.000	验证
假设 6	内向型开放式创新→运营调整敏捷性	0.357	0.089	0.000	验证
假设 7	外向型开放式创新→市场利用敏捷性	0.093	0.082	0.000	验证
假设 8	外向型开放式创新→运营调整敏捷性	0.106	0.059	0.000	验证

三、中介效应分析

由于上述理论部分并未假组织敏捷性是部分中介还是完全中介，为了确定中介关系，本部分研究采用 Bentler 等（1987）所提议的嵌套模型比较法，进一步分析了中介效应。嵌套模型来源于复杂模型中的简单模型，换言之，当模型的自由参数被限制在一定范围内，两个模型之间出现包含关系，即构成所谓的"嵌套关系"，满足这种关系所需的模型被称为"嵌套模型"。使用嵌套模型不仅能够验证模型的拟合度，也有助于直观对比不同模型的拟合优度。嵌套模型分析主要基于卡方差检验，其通过比较模型拟合度来测试研究框架和框架逻辑的合理性。本部分研究引用了 Tippins 等（2003）提出的三种竞争模型——直接模型、完全中介模型及部分中介模型——来考察组织敏捷性的中介作用。以组织敏捷性为中介变量，直接模型表示开放式创新对商业模式创新存在直接影响，完全中介模型表示开放式创新只能通过组织敏捷性对商业模式创新产生影响，部分中介表示开放式创新既能对商业模式创新产生直接影响，也能通过组织敏捷性促进商业模式创新。

验证结果如图 4.2 所示，部分中介模型（$\chi^2/\mathrm{df}=2.208$）表现出良好的模型拟合优度($\chi^2/df<3$),RMSEA 在可接受的范围内(RMSEA $=0.066$),GFI(0.948),NNFI(0.944)和 CFI(0.946)值都超过 0.9 的可接受范围,并且优于完全中介与直接模型。因此,这项研究表明组织敏捷性在内向型开放式创新与商业模式创新中起部分中介效应,内向型开放式创新会通过市场利用敏捷性与运营调整敏捷性对商业模式创新产生影响。

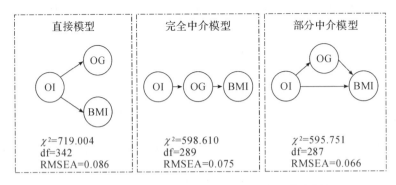

OI:开放式创新;OG:组织敏捷性;BMI:商业模式创新

图 4.2　组织敏捷性竞争模型中介效应

为进一步分析中介效应的差异,利用结构中介效应检验,我们对市场利用敏捷性与运营调整敏捷性的中介作用分开检验。检验结果如表 4.6 所示,其中运营调整敏捷性的中介效应大于市场利用敏捷性(0.414>0.315)。此结果表明,内向型开放式创新通过运营调整敏捷性的桥梁作用,对商业模式创新的促进作用更大。

表 4.6　中介效应系数

路径系数	直接效应	间接效应	总效应
内向型开放式创新	0.117	0.315	0.432
市场利用敏捷性	0.444		0.444
内向型开放式创新	0.117	0.414	0.551
运营调整敏捷性	0.395		0.395

四、结果分析

从表 4.5 可知,外向型开放式创新对商业模式创新的正向作用不显著。正如前文所述,不同开放式创新模式对企业的影响存在差异,领导者是否能够充分掌握市场信息,冗余技术是否能够顺利商业化都决定了外向型开放式创新的有效性。尽管外向型开放式创新对商业模式创新的影响不显著,其对市场利用敏捷性及组织调整敏捷性仍然存在正向促进作用。此外,内向型开放式创新能够直接影响商业模式创新,对市场利用敏捷性、运营调整敏捷性均有正向促进作用;同时,内向型开放式创新能够通过组织敏捷性对商业模式创新产生作用,其中运营调整敏捷性的中介效应优于市场利用敏捷性,这表明,组织敏捷性是开放式创新与商业模式创新之间的桥梁,运营调整敏捷性在商业模式创新过程中更为重要。

第五节　结论与讨论

商业模式创新的重要性已被大多数学者和管理者的认可,其已经成为战略创新领域中的研究热点(Amit et al., 2012;易加斌等,2015)。商业模式创新有利于企业更早地掌握市场主动,把握先机,进而进行价值创造,因此对商业模式创新前因因素的探究尤为关键(Cinzia et al., 2017)。现有研究指出,现有企业存在抵制商业模式创新,或者在商业模式创新过程中失败的现象,其中一个主要原因在于企业存在资源限制与路径依赖的组织惯性(Christensen et al., 2016)。内部资源的不足不仅会直接导致商业模式创新缺乏资源支持,也会导致管理者更加倾向于以往商业模式路径,以减少资源的消耗。然而,对于如何解决商业模式创新资源限制并克服路径依赖,现有研究并没有给予足够的关注,尤其是通过实证检验进行论证。基于资源基础观与动态能力理论,本部分研究引入开放式创新与组织敏捷性,旨在考察它们如何共同作用克服商业模式创新障碍,从而推动商业模式的创新,基于对245家高新技术企业的问卷调查,利用结构方程模型方法进行统计检验,本部分研究主要结论和贡献如下:

第一,研究发现,内向型开放式创新对商业模式创新存在促进作用,其对市场利用敏捷性、运营调整敏捷性也存在正向的促进作用,这表明外部资源的获取有利于企业敏捷性的形成,并且能够直接促进商业模式创新,该结果与以往提出内向型开放式创新有利于企业获取竞争优势的研究结论一致(West et al., 2014;Rubera et al., 2016),并且进一步证实了外部知识搜寻和获取对企业战略创新的重要性。然而,外向型开放式创新对商业模式创新的正向影响不显著,假设2未得到验证,但是这并不意味着外向型开放式创新是无足轻重甚至忽略的。本部分研究认为,该结果表明,相比于内向型开放式创新,外向型开放式创新模式对商业模式创新的积极作用稍显薄弱。Brunswicker等(2015)指出,大部分企业为了分担风险,对内向型开放式创新活动的投入远远超过对外向型开放式创新活动的投入。此外,本书的研究对象为中国的高新技术企业,Hung等(2013)指出,相较于西方发达国家,亚洲的企业对技术知识的掌握程度高于对市场知识的了解,这也在一定程度上限制了外向型开放式创新的作用。同时,表4.3的相关性分析结果也显示,外向型开放式创新与商业模式创新正向相关,这也证明了外向型开放式创新的重要性。因此,本部分研究中外向型开放式创新对商业模式创新的作用虽然不显著,但并不意味着不存在,未来的研究可以纳入多重边界性条件继续考察外向型开放式创新的有效性。

第二,研究结果佐证了市场利用敏捷性和运营调整敏捷性对商业模式创新的积极促进作用。以往研究(Doz et al.,2010a;Hock et al.,2016)强调"战略敏捷"对加速更新的重要性,基于动态能力理论,本部分研究将敏捷性的概念从战略结构的敏捷性延伸到组织市场与运营结构的敏捷性,并且考察了不同组织敏捷性对商业模式创新的影响,这有助于深化组织敏捷性与商业模式创新之间的关系研究,为企业提供更加清晰的路径指导。商业模式创新不仅仅是战略决策的过程,其既需要重组资源与结构,也需要主动进行市场回应和转变,因此,分别探究不同类型敏捷性对商业模式创新的影响也能进一步深化对商业模式创新形成机理的理解。这一结论也再次验证了以往研究的观点,即动态能力是影响商业模式及时响应外部变化并进行创新的关键因素(Achtenhagen et al.,2013;曾萍等,2016;Hock et al.,2016)。

第三,研究发现,两种开放式创新都能够促进组织敏捷性,尽管外向型开放式创新与商业模式创新之间的正向关系不显著,但是其对组织敏捷性有显著的促进作用,这也从另一个角度肯定了外向型开放式创新的积极影响。基于此,本部分研究为组织敏捷性的前因条件提供了开放式创新的新视角,以往研究都是从信息系统的角度考察来组织敏捷性的影响因素的,本部分研究认为组织开放式的资源获取与利用有助于组织敏捷性的形成,资源的有限性也会导致组织敏捷性的减弱,这解释了为何有些企业能够快速响应外部变化,而有些企业则无法及时感知变化终致失败。中介效应检验得出,市场利用敏捷性与运营调整敏捷性在内向型开放式创新与商业模式创新之间存在显著的中介作用,其中运营调整敏捷性的中介效应较市场利用敏捷性更为明显,该结果进一步深化了开放式创新、组织敏捷性与商业模式创新三者之间的关系,明确了商业模式创新过程中,知识资源、动态能力对竞争优势的影响机制。同时，中介效应也验证了资源基础观和动态能力理论的框架，知识资源通过动态能力的整合强化竞争优势。

本部分研究对管理者也提供了一些启示，明确了开放式创新对商业模式创新的推动作用，也表明了其可以通过促进组织敏捷性间接促进商业模式创新。企业管理者可以通过开放式创新活动，积极获取资源并加以利用，以便获得新的技术知识，进一步扩大其知识基础，在提升组织敏捷性的同时，也推动了商业模式变革。此外，尽管结果显示外向型开放式创新对商业模式创新的作用不显著，但并不能否定外向型开放式创新的积极作用，其对组织敏捷性的作用正向且显著。因此，企业管理者也需要重视外向型开放式创新。商业模式创新过程中，不仅需要内向型的资源获取，也需要强化对外部资源的利用，以促进企业在商业模式创新中的转化过程。

第五章 分布式领导、开放式创新与组织敏捷性配置组合对商业模式创新的影响研究

——基于 fsQCA 方法

在第三、第四章实证分析的基础上,本章将对所讨论的前因因素问题进行模糊集对比的实证分析。实证分析通常基于变量都是独立的这一基本假设,采用简单的线性回归法,并多聚焦于结果变量的净效应。尽管传统的实证分析对结果变量的解释更有说服力,但却无法对变量相互之间的完整逻辑关系进行深入的解释。本部分基于资源基础观、动态能力理论以及权变理论对商业模式创新在探索和实施阶段所涉及的主要因素进行概念模型构建,并提出相应假设,采用模糊集定性对比分析法(fsQCA)考察这些主要因素不同条件下的配置组合。本部分的研究结论进一步证实了前两章节的部分假设,拓展了商业模式创新前因的研究。

第一节　研究概况

商业模式被定义为企业的结构模板（Amit et al.，2001），能够为企业价值创造与获取提供整体和系统的观察点（Zott et al.，2010）。它涉及产品，服务，技术和/或信息流的系统创新，超越了在位企业及其界限，创造和捕捉价值（Demil et al.，2010；Baden-Fuller et al.，2013）。由于商业模式本身就是创新的主题（Baden-Fuller et al.，2013），因此商业模式创新可以成为价值持续创造的来源（Teece，2010；Achtenhagen et al.，2013），并能促使具有战略优势的产品创新或流程创新（Osiyevskyy et al.，2015）。基于此，为了保障企业长期竞争优势，企业持续创新商业模式整合内部配置尤为关键。

然而商业模式内部构成要素并不是完全独立的，商业模式是个内部活动相互依赖的运营系统（Osterwalder，2004；Zott et al.，2010），因此商业模式创新涉及组织各层次相互关联的活动，这也解释了为何企业实施商业模式创新的结果不一，以及企业为何对组织结构变革、创新价值创造与获取的方式产生抵触心理。商业模式系统是在企业领导行为、组织资源与能力共同协作的情况下运作的，Foss 等（2017a）指出，商业模式创新与传统技术创新、流程创新或产品创新不同，其驱动因素应该位于企业各个层次，实现商业模式创新是内部各要素之间相互作用的复杂过程。

Teece（2010）认为商业创新离不开管理者的认知、对外部机会的识别以及重新配置资源的能力。Doz 等（2010a）在此基础上认为战略的敏感性、内部集体承诺以及资源流动性是商业模式创新的重要驱动要素。其中战略敏感性强调及时掌握外部机会与变化的能力

（Sambamurthy et al.，2003；Doz et al.，2010a）；内部集体承诺强调组织内部在达成变革目标过程中的合作与沟通（Holsapple et al.，2008）；资源流动性则指获取并整合资源的灵活性（Hock et al.，2016）。此框架强调了领导行为、吸收整合资源与对外部环境变化的感知与应对能力的重要性。基于此，本部分研究认为，分布式领导、开放式创新与组织敏捷性是商业模式创新的重要因素。分布式领导强调领导角色的动态流动与组织成员之间的合作，此种领导模式能够较好地反映集体承诺的程度（Gronn，2002；张晓峰，2011）。开放式创新强调组织对外部资源的获取和利用，是组织中获取资源并利用资源的一种创新实践方式，可以看作资源流动的具体形式（Lichtenthaler，2008；高良谋等，2014）；组织敏捷性指企业对外部市场需求变化的快速感知与回应能力，能够反映战略敏感性（Holsapple et al.，2008）。此外，在商业模式创新过程中，企业还应考虑内外部特征，如环境动荡性会影响企业追求商业模式创新的动机。

尽管现有研究考察了领导行为、资源灵活和动态能力对商业模式创新的影响（Doz et al.，2010a；Roaldsen，2014），鲜少有研究采用复杂因果探究的方式考察这三个重要因素之间复杂的配置关系，以及它们与组织内外部特征之间的交互作用对商业模式创新形成机制的影响。本部分研究摒弃传统的只关注单个要素对商业模式创新影响的视角（如仅战略柔性、动态能力等），从一个系统、全面的视角探究领导模式、组织内部资源流动、组织敏捷性以及外部动态环境等多个要素互动如何实现商业模式创新。考虑到商业模式创新过程中涉及多个要素之间的交互作用，并且可能存在多个形成商业模式创新的等效路径。本部分采用模糊集定性对比分析方法（fsQCA）展开研究，与传统线性回归方法不同，fsQCA能够有效地处理多因素同时构成的条件，即有效分析商业模式创新产生的多条路径组合（Ragin et al.，2006；

Fan et al. ,2017)。

基于上述分析,本部分将以资源基础观、动态能力理论及权变理论为基础,在前文对分布式领导、开放式创新、组织敏捷性与商业模式创新关系论述的基础上,致力于考察它们和与动态环境之间的逻辑关系,以及这些因素构成的条件组合对商业模式创新的具体影响。具体研究问题如下:第一,这些组织内外部因素如何共同作用影响商业模式创新? 第二,这些因素之间存在何种内在关系? 第三,哪些因素是商业模式创新的必要或充分条件。

本部分研究主要有四个贡献:第一,梳理了分布式领导、开放式创新、组织敏捷性与动态环境之间的关系,阐明了它们之间相互作用的复杂逻辑,有助于明确它们与商业模式创新的具体关系。第二,指明了分布式领导、开放式创新、组织敏捷性和动态环境中任何一个都不能单独成为商业模式创新的必要或充分条件,这为以后相关理论研究提供了新方向。第三,指明了何种组合关系更加有利于商业模式创新,并且进一步给出抑制商业模式创新的构型组合,使得商业模式创新的形成机制更加明晰。第四,摒弃了传统的对称线性回归方法,采用模糊集定性对比分析法进行前因因素的配置组合构型分析,不仅提供了商业创新研究的新方法视角,也响应了以往学者对商业模式驱动因素复杂性分析的呼吁。

第二节　理论基础与研究命题

对于嵌入创新网络进行商业模式创新的企业来说,环境动态性是必须考虑的外在影响因素。为了对商业模式创新的前因因素进行构型分析,本部分将继续梳理这些变量在环境动态性的边界因素影响下，对商业模式创新影响机理提出构型分析的假设。前文已经阐释且证明了分布式领导、组织敏捷性、开放式创新对商业模式创新的直接促进作用，本部分不再做假设推演。下面将重点描述环境动态性对分布式领导、开放式创新与组织敏捷性的调节作用。

一、权变理论下环境动态性的作用

(一)环境动态性对分布式领导效能的作用

根据领导权变理论，外部情境的变化在很大程度上影响着领导者的行为模式与商业模式创新战略(Gerasymenko et al.，2015)。Steers等(2012)、Kempster 等(2014)指出，动态环境应该被纳入对领导行为模式以及商业模式创新的战略研究中。动态环境下企业与个人间的内部不确定性会增强(Hambrick et al.，1984)，对此，企业会试图加强各部门之间的相互依赖关系，促进它们协同合作，从而增强分布式领导模式的影响(Carmeli et al.，2011)。此外，Hristov 等(2019)指出，创伤和动态的情景会激活个人大脑处理危机的情感中心，这种情绪有利于激发企业内部成员进行团队协作，产生共同愿景，因此分布式领导在处理危机时效率更高，应对变革的心态更加积极。

另外，环境动态性的提升，要求企业对复杂的市场做出更快的反应，为此，企业内部更容易形成相互依赖和相互协调的运营模式，新模式进一步改变了组织成员的分工(Gronn，2002)，改变内在市场与运营结构，推动商业模式创新。此外，分布式领导鼓励强烈的集体认同感，促进人际关系的融合，并在组织中创造良好的集体氛围(Fitzgerald et al.，2013)。拥有强烈集体认同感的企业倾向于将动态环境视为发展的机遇来源(Cannatelli et al.，2016)。这表明，动态环境让分布式领导更加注重对外部机遇的识别。相较之下，稳定的环境状态下，企业管理团队无法产生危机和集体意识，容易摒弃集体决策的模式，强调垂直领导。

(二)环境动态性对开放式创新效能的作用

环境动态性主要表现为技术更新速度的不可预测性和市场需求、顾客偏好等外部因素改变的速度和程度。动荡的外部环境导致现有技术迅速过时，市场需求迅速转换，迫使企业迅速开展新的技术，创造新的产品与服务(Jansen et al.，2006)，因此，在动荡的外部环境下，企业倾向于获得更多的外部技术和市场资源(Eisenhardt et al.，2000；Teece，2007)，缺乏技术知识和市场信息的企业会积极地采取战略行动以获取新的资源，并及时将其与现有资源结合，丰富的知识储备可能包含更多的特殊技术和市场机会，提供更多的综合机会进行商业模式重构(Wu et al.，2009)。此外，环境动态性较高时，打破稳定的网络关系、积极地与外部主体建立合作，能为企业提供足够的信息知识和资源，满足企业开展创新活动的需要(王海花等，2012)。基于此，与稳定的环境相比，在动态环境下，通过识别和吸收外部新兴技术和新市场价值主张，执行内向型开放式创新战略的企业在新产品、服务和技术的竞争中表现更佳。

另外，在动态环境下，为了降低技术失效和过时的风险，企业会尽可能快速地将技术知识商业化(Chesbrough et al.，2006a)。在快速变化的环境下，企业更有可能存在一批未被充分利用的技术知识和创新理念。这是因为，动态环境下企业很难在技术过时之前掌握技术利用和商业化的合适时机，除非企业能够掌握充足的市场知识(Danneels，2007)。囿于自身市场知识不足、品牌知名度不高、监管制度不强等因素，企业很难充分掌握外部市场信息，导致无法内部利用技术知识(Arora et al.，2001；Lichtenthaler，2009)。因此，企业面临动态环境时，积极寻求外部知识、可利用的机会能够增强企业创新的成功概率。利用外部资源进行技术应用不仅可以帮助企业节省大量的时间和资金投入，同时也能利用未使用的知识产权来获得许可收入并培育新的商机，最终推动商业模式创新（Camerani et al.，2016）。

（三）环境动态性对组织敏捷性的作用

组织敏捷性是组织内部对外部环境变化快速掌握和应对的能力，其是组织内部一种关键性的动态能力（Cai et al.，2013）。从"动态"的角度分析，动态能力的相关研究者就主张其在动态环境中更具实用价值（Eisenhardt et al.，2000），相较于稳定的环境，在动荡的环境下，动态能力能够让企业迅速调整配置，重构现有知识和资源（Zott，2003；Zahra et al.，2006；Teece，2007）。基于这些见解，笔者也进一步认为，动态环境对组织敏捷性与商业模式创新之间的关系有调节作用。

组织敏捷性对商业模式创新的作用很大一部分来自其感知外部环境的敏捷性和迅速做出内部回应的果断性（Lu et al.，2011；高沛然等，2018）。在动荡的环境中，客户的需求和竞争对手的行为不断发生变化，这也意味着创新机会会随时出现，例如，客户需求偏好发生变化，企业的价值主张做出相应改变，管理者必须及时做出应对的战略调整，推动组织创新（Helfat et al.，2009）。当市场较为稳定时，外部的商业机会相应减少，企业家在面临困难时对外部机会的把握则显得比较鸡肋，组织敏捷性也因此显得不那么重要（Zahra et al.，2006）。动态环境下，企业的先发优势很容易被竞争对手识别和破坏（Swamidass et al.，1987；Augusto et al.，2009），只有当组织敏捷性能够快速地调整内部组织结构，运营流程时，企业才能最终实现商业模式创新。市场环境较为平稳时，竞争对手的战略调整速度也会放缓，市场出现外部进入者的危险也相应地降低，企业对组织敏捷性的需求也会相应地降低。

二、构型理论下商业模式创新的等结果（配置路径）

综合上述外部动态环境的效能分析，笔者认为当企业内部关键要素与环境动荡性相匹配时，企业可以有效利用外部资源；及时感知外部市场变化，进行运营系统和营销系统调整；强化组织成员合作，解决创新过程中的资源冲突，进而推进商业模式创新。基于权变理论和构型理论，本部分构建了研究框架，如图 5.1 所示。构型理论指出在指定的情境下，影响结果的不同因素之间存在多种排列组合，而且这些因素自身如何并不重要，倘若结果变量涉及的因素众多，各前因影响因素之间的配置组合则是一种系统性的现象，表现为多种构型路径。构型理论通过各类相关性因素的配置组合来描述复杂、多维度的现象。构型理论主要有三个原则：单个的构成因素几乎不可能导致结果的产生；单个的构成因素几乎无法独立地发挥自我效用；同一构成因素在不同的情境下对结果可能产生积极的影响也可能产生抑制的作用。这三个原则隐含着"等结果"的概念，即不同的构成因素可以导致同一个结果的产生，一个现象和结果的产生可能存在多种配置组合，但是只有相关联的若干构成因素才能够合理地解释"等结果"的配置，构型分析的主要目的就是阐释"等结果"的构成因素配置。商业模式创新行为涉及多个内部特征变量，在商业模式创新前因因素中没有统一构型标准，依据构型的基本逻辑，基于上述对环境动态性的理论分析，结合第三、第四章中对分布式领导、开放式创新和组织敏捷性在商业模式创新中的积极作用的阐述，本部分研究认为，三个变量与外部环境产生合理配置时更加有利于促进企业商业模式创新。该理论模型主要隐含以下两个命题。

命题 1：环境动态性、分布式领导、开放式创新（包括内向型、外向型）、组织敏捷性（市场利用、运营调整）对商业模式创新可能产生积极影响,也可能产生消极影响,这取决于它们之间的配置。

命题 2:环境动态性、分布式领导、开放式创新与组织敏捷性之间的不同配置均能够促进或抑制商业模式创新。

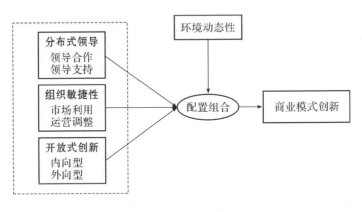

图 5.1　研究框架

第三节　研究方法

一、数据收集与样本选择

本部分研究样本来源和数据收集方法与第三、第四章一致,详细描述请参酌第三章。

二、变量测量

针对所考察的主变量,本部分研究采用国内外经典文献使用的成熟量表进行测量。变量测量均采用从 1(非常不同意)到 5(非常同意)的五点李克特量表,题项具体描述见附录 A。使用 Anderson-Rubin 方法获取因子载荷,分析量表信度($\alpha > 0.6$ 的阈值)。

一是开放式创新。参酌 Hung 等(2013)等人开发并验证的量表,采用十个题项测量开放式创新,其中内向型开放式创新五项,外向型开放式创新五项。二是组织敏捷性。市场利用敏捷性与运营调整敏捷性参考 Lu 等(2011)开发的量表,两个变量分别包含三个题项。三是商业模式创新。本部分研究借鉴了 Guo 等(2016)在 Zott 等(2007)开发的量表基础上修改而成的适合中国情境的商业模式创新量表,量表共八个题项。四是分布式领导。本部分研究使用 Hulpia 等(2009)开发并验证的量表,并在其基础上进行了适当的修改,量表由领导力合作和领导力支持两个维度组成。以上四个变量的信效度已经通过前两个章节的检验,结果合格。五是环境动态性。环境动态性的测量借鉴 Volberda 等 (1997)开发的量表,共有四个题项(见表 5.1)。量表 α 值为 0.863,题项因子载荷都大于 0.6,信度合格。

表 5.1　环境动态性量表

变量	编号	题项
环境动态性	ED 1	我们本地市场的环境变化非常激烈
	ED 2	我们的客户经常要求新产品和新服务
	ED 3	我们企业外部的市场不断发生变化
	ED 4	我们外部市场产品和服务的数量和质量要求经常发生变化

三、方法选择与数据处理

前文针对分布式领导模式、开放式创新、组织敏捷性以及环境动态性各自对商业模式创新的影响,并未深入考察它们之间的相互作用。传统的统计检验方式,如结构方程模型(SEM)或多元回归分析法(MRA),其在解释多个变量之间复杂的交互作用时存在极大的限制(Ragin et al.,2006;Ganter et al.,2014)。与传统统计方法不同,模糊集定性对比分析法(fsQCA)并不将影响因素看作独立于结果变量的自变量,而是认为因变量的结果来自影响因素互相作用组成的组合,这些因素存在不可割裂的相互关系;同时它也不关注自变量对因变量的净效应,而是注重对结果变量有解释力度的各因素组合的构型的挖掘(Poorkavoos et al.,2016;Fan et al.,2017)。其为互补性或非线性的复杂因果关系提供恰当的检验方法。作为一种定量与定性结合的对比分析方法,fsQCA 基于模糊理论与布尔逻辑,适用于检验非对称性的因果关系,抑或是复杂的配置组合形成的因果关系(Fiss,2011)。现有研究中未有文献采用 fsQCA 探究商业模式创新的前因形成机理,然而,基于商业模式系统的复杂性,其创新过程涉及因素的广泛性都表明其前因之间也是复杂及多变的(Foss et al.,2017a),此外,fsQCA 有助于区分商业模式创新的充分或必要条件(Mendel et al.,2012),因此本部分研究摒弃传统的基于自变量—因变量对称关系的统计检验手段,采用 fsQCA 进一步分析商业模式创新前因因素的配置组合。

fsQCA 的数据处理主要利用 CharlesC. Ragin 开发的 fsQCA2.5 软件来实现。首先,将变量名称输入软件,随后将编码转化的数据导入软件中,进行真值表构建(truth table),真值表是"Quine-McCluskey algorithm"运算得出后续结果路径和结果讨论的前期基础,也是不可或缺的环节,随后依照以下过程进行计算。

(一)真值表转化

由于数据收集来源于问卷设计,因此第一步需要将连续性的变量值转化成 0~1 范围内的集合归属值,以此构建初始表格(raw table)。需要强调的是,集合归属度与统计分析中 0~1 的取值并不相同,后者注重精细量表,对研究变量之间的细微差别进行分析。fsQCA 则是依据研究需要对前因因素在各自集合中进行标准划分,并且只分析与结果变量相关的差异。fsQCA2.0 软件自带的"compute"或"calibrate"

功能可以进行变量值转化。本部分研究基于问卷调查的五点式李克特量表，将连续值进行均值转化。校准集关于三个阈值：完全非隶属、完全隶属和代表关于变量关系的最大歧义的交叉点（Ragin et al.，2006）。本部分研究将 5、3 和 1 的原始值分别设定为完全隶属、交叉点和完全非隶属。依据 Woodside（2013）提出的程序，指定三个定性锚点：完全非隶属度（模糊评分＝0），完全隶属度（模糊评分＝0.95）和交叉点（模糊评分＝0.5）。

（二）必要条件分析

为了确定本部分研究中所有变量均为引起结果变量的原因，即条件变量，需要进行必要条件分析（analysis of necessary condition），此运算模式能够通过一致性值（consistency）来判别自变量是不是因变量的子集。一致性值小于 1，确定自变量与结果变量的子集关系；否则，需要删除非关系性变量。必要条件一致性分析的计算公式为

$$\text{consistency}\ (Y_i \leqslant X_i) = \frac{\sum\limits_i \min(X_i, Y_i)}{\sum\limits_i Y_i}。$$

本部分研究对商业模式创新前因因素的必要性进行了分析，需要指出的是，本部分研究不仅考察促进作用，也考察抑制作用，因此必要性分析考察了结果变量的高水平（或低水平）的情况下是否高水平（或低水平）的任何因果性条件。Schneider 等（2010）指出，"必要"条件是一致性系数超过 0.90 这一一致性阈值。表 5.2 给出了本部分研究的必要性分析，结果显示，所有变量的一致性系数均小于 1，但都低于 0.90，这表明本部分研究中的变量均是引起结果变量的因素，但没有任何一个变量是引起结果变量的必要条件，即它们无法单独解释商业模式创新的成功或失败。

表 5.2　必要性分析

结果变量	高水平商业模式创新		低水平商业模式创新	
	consistency	raw coverage	consistency	raw coverage
分布式领导	0.823651	0.876653	0.342852	0.404383
～分布式领导	0.342182	0.372435	0.823764	0.890192
内向型开放式创新	0.832303	0.898264	0.401287	0.398756
～内向型开放式创新	0.394563	0.413276	0.871257	0.902754
外向型开放式创新	0.789857	0.836913	0.462983	0.489021
～外向型开放式创新	0.469617	0.515358	0.756908	0.849256
市场利用敏捷性	0.837496	0.915766	0.378942	0.428761
～市场利用敏捷性	0.441992	0.502679	0.776532	0.710923
运营调整敏捷性	0.820158	0.881706	0.357659	0.419873
～运营调整敏捷性	0.394737	0.421269	0.782369	0.802985
环境动态性	0.843628	0.902013	0.335467	0.412983
～环境动态性	0.421645	0.462376	0.663210	0.709821

注：～ 表变量缺失或低水平。

（三）阈值设定

fsQCA 运算时涉及一定的阈值与门槛，其中一个门槛是样本频率（frequency）。设定样本频率的阈值是为了依据从属于某个因素组合的案例数的数量，来确定该条件组合是不是结果变量的原因组合模式。频率值的设计主要依据样本数量、变量策略、编码误差以及对解释的详尽要求程度。样本数量或者案例数目较少时，频率值一般设定为 1；样本数量或案例数目超过 100 时，基于误差，频率值一般设为 5 或者 10（Ragin，2010；Ricciardi et al.，2016）。由于本部分研究样本数量超过 200，因此频率值设定为 10。

另一个较为重要的门槛是一致性值（consistency）。一致性表明某个条件组合在多大程度上解释了结果变量，即多大程度上是结果集合的子集(Ragin et al.,2006),其最低要求一般为 0.75,但是为了保障研究的严谨性,本部分研究选取 0.85 为阈值(Poorkavoos et al.,2016)。基于此,本部分研究将高于 0.85 的一致性值组合的值设定为 1,低于 0.85 的一致性组合的值设定为 0。一致性能够评估子集关系的近似程度,因而,一致性阈值超过 0.85 的配置组合在本部分研究中被认为是合格的。此外,本部分研究将 PRI 评分阈值设定为大于或等于 0.67。

第四节　分析和结果

一、中间解路径

基于上述步骤,本部分研究需要进一步获取具体的结果路径,利用"Statistics and Analysis"运算可得。fsQCA 分析通常提供三种路径结果:简单解(parsimonious solution)、中间解(intermediate solution)与复杂解(complex solution)。其中,同时包含复杂解和简单解的条件为核心条件,仅包含复杂解的为次要条件。由于 Fan 等(2017)、Ragin 等(2006)强调,中间解更加保守,具有更强的经验合理性,所以本部分研究仅阐释商业模式创新前因组合的中间解路径,因此研究结果不区分核心条件与次要条件。针对商业模式创新执行 fsQCA 分析的结果显示(见表 5.3、表 5.5),促进商业模式创新的 6 条路径中,一致性系数都高于 0.85,中间路径的原始覆盖率值范围为 0.36~0.53;抑制商业模式创新的 3 条路径的原始覆盖率值范围为 0.42~0.63。这表明所有的解决方案都是有效且值得参考的(Woodside,2013)。依据表 5.3,得出商业模式创新的架构类型,并给出哪些是正作用条件，哪些是非作用条件，见表 5.4。

表 5.3　取得高水平商业模式创新的中间路径结果

frequency cutoff＝10	intermediate solution		
	raw coverage	unique coverage	consistency
Dis×In×～Ou×Op×Ma×ED	0.539538	0.068469	0.922157
～In×Ou×～Op×Ma×～ED	0.389193	0.032712	0.902356
Dis×～Ou×Op×～Ma×ED	0.370517	0.012113	0.922665
～Dis×In×Op×Ma×ED	0.416668	0.036985	0.919237
Dis×In×～Ou×～ED	0.369423	0.017134	0.902342
In×Ou×～Op×Ma	0.402189	0.034162	0.876459

注：Dis 表分布式领导；In 表内向型开放式创新；Ou 表外向型开放式创新；Op 表运营调整敏捷性；Ma 表市场利用敏捷性；ED 表环境动态性。

为了进一步了解哪种配置组合对商业模式创新有抑制作用，本部分研究以低商业模式创新为结果变量，进行了第二次构型分析，检验结果见表 5.4。

表 5.4　取得低水平商业模式创新的中间路径结果

frequency cutoff＝10	intermediate solution		
	raw coverage	raw coverage	raw coverage
Dis×In×～Ou×Op×Ma×ED	0.634827	0.021904	0.904931
～In×Ou×～Op×Ma×～ED	0.428798	0.019758	0.895743
Dis×～Ou×Op×～Ma×ED	0.473928	0.012113	0.902319
overall solution consistency	0.897653		
overall solution coverage	0.567493		

注：Dis 表分布式领导；In 表内向型开放式创新；Ou 表外向型开放式创新；Op 表运营调整敏捷性；Ma 表市场利用敏捷性；ED 表环境动态性。

表 5.5 高水平商业模式创新前因的架构类型

solution	前因因素						consistency	raw coverage	unique coverage
	分布式领导	内向型开放式创新	外向型开放式创新	市场利用敏捷性	运营调整敏捷性	环境动态性			
1	●	●	⊗	●	●	●	0.922157	0.539538	0.068469
2		⊗	●	●	⊗	⊗	0.902356	0.389193	0.032712
3	●	⊗	⊗	⊗	●	●	0.922665	0.370517	0.012113
4	⊗	●		●	●	●	0.902342	0.419423	0.017134
5	●	●	⊗			⊗	0.919237	0.366668	0.035985
6	●	●	●	●	⊗		0.876459	0.402189	0.034162
overall solution consistency						0.862719			
overall solution coverage						0.643271			

二、预测和稳健性分析

为了验证 fsQCA 分析预测的有效性，本部分研究将样本分成两个相同数量的子样本：参照子样本（子样本 1）和保留子样本（子样本 2），结果如表 5.6 所示。然后，通过测试配置模型来检查子样本 1 产生的模型是否对子样本 2 具有较高的预测能力，子样本 1 用于保存样本的数据。表 5.7 表明，用子样本 2 测试子样 1 所得解模型具有较高的一致性和覆盖率，这表明参照样本对子样本 2 具有较高的预测能力，反之亦然。

为了验证研究本部分研究结果的稳健性，我们选择不同的校准值进行了进一步的验证。首先，将交叉点（最初为 3）转换成 2.75 和 3.25，研究结果与上述分析结果一致。其次，将一致性阈值提高 0.9，再度运行 fsQCA 分析，结果仍然与上述结论一致，覆盖范围变小，表明该解决方案是初始解决方案的子集。这些稳健性分析结果表明，本部分研究结果是可信的。

表 5.6　参照样本下高水平商业模式创新前因的架构类型

models	consistency	raw coverage	unique coverage
Dis×In×～Ou×Op×Ma×ED	0.933586	0.520372	0.047975
～In×Ou×～Op×Ma×～ED	0.911248	0.359495	0.028918
Dis×～Ou×Op×～Ma×ED	0.916596	0.420750	0.032516
～Dis×In×Op×Ma×ED	0.876645	0.459483	0.043291
Dis×In×～Ou×～ED	0.912098	0.350492	0.023987
In×Ou×～Op×Ma	0.752058		
Dis×In×～Ou×Op×Ma×ED	0.857403		

注：Dis 表分布式领导；In 表内向型开放式创新；Ou 表外向型开放式创新；Op 表运营调整敏捷性；Ma 表市场利用敏捷性；ED 表环境动态性。

表 5.7 样本 2 数据下参照样本模型结果

models	consistency	raw coverage
Dis×In×~Ou×Op×Ma×ED	0.942187	0.537621
~In×Ou×~Op×Ma×~ED	0.910874	0.373690
Dis×~Ou×Op×~Ma×ED	0.929835	0.483271
~Dis×In×Op×Ma×ED	0.898210	0.403829
Dis×In×~Ou×~ED	0.901276	0.389323

注:Dis 表分布式领导;In 表内向型开放式创新;Ou 表外向型开放式创新;Op 表运营调整敏捷性;Ma 表市场利用敏捷性;ED 表环境动态性。

三、具体结果探讨

(一)高水平商业模式创新路径

从表 5.3 可知,总体路径一致性为 0.86,大于 0.85,表明 6 条前因因素的构型路径是商业模式创新结果的子集,即充分条件。6 条解释路径的整体覆盖高达 64%,说明该解决方案解释了大部分商业模式创新的形成机理(Rihoux et al. 2008)。从原始覆盖率看,路径 1 的原始覆盖率达到 53%,是 6 条路径中解释力度最强的。

路径 1 显示,当环境动态性较高时,高水平的分布式领导、内向型开放式创新、低水平外向型开放式创新、高市场利用敏捷性与高运营调整敏捷性能够促进商业模式创新的产生。路径 2 显示,当环境较为稳定时,无论分布式领导是否存在,高水平外向型开放式创新、高市场利用敏捷性与低水平的内向型开放式创新、低运营调整敏捷性的组合能够促进商业模式创新。路径 3 显示,当环境较为动荡时,无论内向型开放式创新是否存在,高水平的分布式领导、高水平运营调整敏捷性与低水平外向型开放式创新、低市场利用敏捷性的组合能够推动商业模式创新。路径 4 显示,无论外向型开放式创新是否存在,当环境较为动荡时,低水平分布式领导与高水平的内向型开放式创新、两类组织敏捷性的组合有利于商业模式创新。路径 5 表明,当环境较为稳定时,无论组织敏捷性是否存在,高水平的分布式领导、高水平内向型开放式创新、低水平外向型开放式创三者的配置组合有助于创新商业模式。路径 6 表明,无论环境动态与否、分布式领导模式是否存在,高水平内向型开放式创新与高水平外向型开放式创新、高水平市场利用敏捷性、低水平运营调整敏捷性的组合能够促进商业模式创新。

表 5.3 中的结果也表明了能够推进商业模式创新的关键因素的数量。最重要的因素是内向型开放式创新和市场利用敏捷性,这两个因素都包含在 5 条路径当中,并且只有一次以否定条件的形式存在。其次是运营调整敏捷性和环境动态性,这两个因素也都包含在 5 条实现商业模式创新的路径中,但是有两次以否定条件出现。

(二)低水平商业模式创新路径

配置组合不同,其对结果变量的影响也不同。为了深入了解商业模式创新前因因素的作用,表 5.4 给出了抑制商业模式创新的条件构型组合。结果显示,共有 3 条组合路径导致商业模式创新的失败,同时没有任何一个否定条件是导致商业模式创新失败的必要条件。

路径 1 说明,高动态环境与高水平外向型开放式创新条件下,企业分布式领导、内向型开放式创新与两种类型组织敏捷性表现较为低迷的时候会阻碍商业模式创新;路径 2 说明,无论是否实施分布式领导模式,企业外部环境较为平稳时,高市场利用敏捷性、低水平的开放式创新与运营调整敏捷性将会抑制商业模式创新;路径 3 说明,企业外部环境较为动荡时,无论是否实施外向型开放式创新,高分布式领导模式、低市场利用敏捷性、低水平的内向型开放式创新与运营调整敏捷性都会抑制商业模式创新。

第五节　结论与讨论

　　本部分研究以资源基础观、动态能力理论为基础,结合权变理论,在前文对分布式领导、开放式创新以及组织敏捷性对商业模式创新影响探讨的基础上,利用模糊集对比分析法,进一步分析了商业模式创新的前因构型。如前所述,先前研究中已经提出了影响商业模式创新的一些驱动因素,例如技术创新(Baden-Fuller et al.,2013)、机会和威胁感知(Osiyevskyy et al.,2015)、探索式导向(Bock et al.,2012)等。然而,这些研究只关注某个因素或某类因素对商业模式创新的影响,这种方法得出的结果暗含了对管理者苛刻的要求,即要实现商业模式创新必须兼顾所考察的各方面因素的每一项。然而,资源的有限性导致企业无法在所有领域都表现出色,即使能够从外部获取一定的资源。fsQCA 有利于帮助研究者了解哪些因素与结果变量相关,为了达到预期的结果需要何种条件因素的组合(Fiss,2011)。Ganter 等(2014)认为 fsQCA 特别适用于对组织创新中前因与结构的构型分析,组织成员通常只能专注于与他们专业知识相关的一些资源上,因此,了解不同因素的特定组合对他们高效率地完成管理目标特别重要。本部分研究着眼于确定商业模式创新驱动因素的不同配置组合路径,进一步探究了商业模式创新的形成影响因素。

　　fsQCA 分析结果显示,本部分研究中没有导致商业模式创新的必要条件,但是存在促进和抑制商业模式创新的配置组合。这些结果验证了 fsQCA 的假设:多种配置组合路径会促进或抑制商业模式创新;促进商业模式创新与抑制商业模式创新的构型路径不同。结果显示有 6 条促进商业模式创新的构型路径,这些构型路径表明,路径 1 是所有路径中对促进商业模式创新的最优解释路径，环境动荡性明显时，高水平的分布式领导、组织敏捷性以及内向型开放式创新的组合最能推动商业模式创新。该结果进一步验证了前文所述分布式领导、开放式创新、组织敏捷性与商业模式创新的正相关关系，也支持了以往研究中对分布式领导（Feng et al.，2017）、开放式创新（Camerani et al.，2016）以及组织敏捷性（Cegarra-Navarro et al.，2016）在创新战略中存在正促进作用的观点。此外，Saebi 等（2015）和 Huang 等（2013）在研究中指出，开放式创新战略在商业模式创新过程中有重要的推动作用。但本部分研究发现，尽管开放式创新有助于创新企业商业模式创新，但并不是所有的开放式创新战略都必不可少。同样，分布式领导和不同类型的组织敏捷性也并未出现在所有的组合路径中。这说明企业在重构商业模式时，可能没有必要将所有的因素都考虑在内，因此管理资源时应适当地有所偏重。

图 5.2 展示了实现商业模式创新覆盖率最高的两条路径：路径 1 与路径 4，由于配置路径有 6 条，本部分只绘制了覆盖率较高的路径散点图。从绘制的配置路径分布图来看，路径 1 与路径 4 中大部分样本案例都在斜线上方，直观地显示了本部分研究中没有实现商业模式创新的必要条件。

值得注意的是，第三章研究结论显示外向型开放式创新对商业模式创新的作用不显著，然而 fsQCA 分析结果表明，正向条件的外向型开放式创新包含在实现商业模式创新的 5 条路径之内。这说明，尽管外向型开放式创新自身对商业模式创新的影响力度不足，但其与其他因素交互形成组合路径时，也能够成为推动商业模式创新的充分条件。该结果在第三章的基础上证实了外向型开放式创新的重要性，并且给出了外向型开放式创新的有效条件。同时，本分析结果也与 Hung 等（2013）的观点一致，在当前大环境下，企业对外向型开放式创

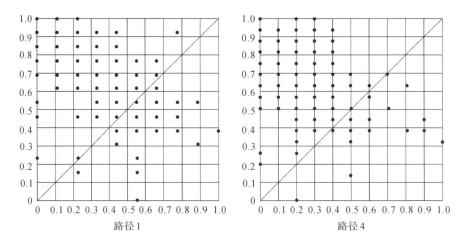

图 5.2　商业模式创新路径 1 与路径 4

新的态度较为保守,外向型开放式创新的有效性需要结合其他因素进行考察。对抑制商业模式创新的构型路径进行分析,共有 3 条构型路径会阻碍商业模式创新的产生与发展,该结果进一步表明,低水平内向型开放式创新与低水平运营调整敏捷性是商业模式创新失败的关键因素。考察结果构型数量,显示促进商业模式创新的构型数量(6 条)比抑制商业模式创新的构型数量(3 条)多。这表明,商业模式创新成功的路径多于失败的路径。

　　本部分研究的研究结果对战略管理与创新研究均有重要意义。首先,本部分研究通过 fsQCA 方法进一步剖析了商业模式创新的前因条件,以及它们之间的相关联系,既进一步明确了企业领导模式、知识资源与动态能力之间的关系,也为创新企业商业模式提供了更加充分的条件组合。其次,本部分研究进一步证实了前文的实证分析结果,表明分布式领导、开放式创新与组织敏捷性都能够促进商业模式创新,为单一线性研究提供了方法上的补充与稳健性检验。最后,与以往研究不同的是,本部分研究分析了不同类型开放式创新、不同类型组织敏捷性与分布式领导在环境动态下的构型配置,提出 6 条配置构型路径,该结果能够帮助管理者做出更加准确的战略选择,再者,鲜少有研究分析不同驱动因素对商业模式创新的构型效应,本部分研究作为少数采用模糊集定性对比分析方法考察商业模式创新前因因素的研究,响应了 Foss 等(2017a)对商业模式创新不同因素之间关系研究的呼吁,也为商业模式创新前因的研究提供了新的多因素整合视角。

从方法上看,本部分研究也做出了一定的贡献。研究结果显示,fsQCA 是考察商业模式创新驱动因素的合适方法。与传统的通过线性回归考察自变量对结果变量的净效应不同,fsQCA 可以揭示在期望状态通过的多重路径(Mikalef et al.,2017),它可以分析不同因素如何影响商业模式创新,从而能更好地解决高因果复杂性问题(Ganter et al.,2014;Feng et al.,2017),为商业模式创新的形成提供了更多样的形成路径。本部分研究也进一步回应了 Kraus 等(2017)对利用 fsQCA 探究商业模式创新前因路径的呼吁。

第六章　研究结论、贡献以及展望

第一节　研究结论

为了更加深入地了解商业模式的形成机理，本书基于组织惯性视角，提出了三个相互关联的研究问题：分布式领导对商业模式创新的影响；开放式创新、组织敏捷性对商业模式创新的影响；分布式领导、开放式创新与组织敏捷性构成的架构类型对商业模式创新的作用。第一个研究问题是考察分布式领导如何克服组织在创新探索阶段遇到的认知惯性，推动商业模式创新的机制；第二个问题是针对商业模式创新实施阶段的资源惯性，探讨开放式创新与组织敏捷性对重构商业模式的驱动机理；第三个研究问题是基于商业生态系统、权变理论以及商业模式创新的复杂性，利用模糊集定性对比分析法，在动态环境情境下对分布式领导、开放式创新与组织敏捷性进行构型分析，探究影响商业模式创新因素的配置组合路径，进一步深化了商业模式创新的形成机制，具体研究框架见图6.1。具体结论如下。

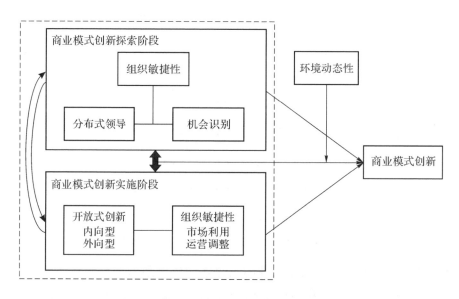

图 6.1　组织惯性视角下商业模式创新的前因

　　研究一考察了分布式领导推动商业模式创新的内在机制，以机会识别为中介变量，组织敏捷性为内部边界条件。本书基于资源基础观、动态能力理论与权变理论将分布式领导视为领导任职资源，将组织敏捷性视为动态能力，将机会识别视为认知行为。采用定量的实证研究，选取了中国 245 家高新技术企业为研究样本。本书共有 4 个假设，其中 3 个假设被证实，1 个假设未被证实。回归分析结果如下：分布式领导对商业模式创新有直接的正向促进作用；分布式领导对机会认知亦有正向影响；机会认知促进商业模式创新，并且在分布式领导与商业模式创新之间扮演中介桥梁的角色；市场敏捷性正向调节了分布式领导与商业模式创新的间接作用，即市场敏捷性越高，分布式领导通过机会识别对商业模式创新的作用越强；运营调整敏捷性对分布式领导间接影响的调节作用不显著，假设未被证实。

　　研究二利用研究一中的高新技术企业研究样本，进一步分析了商业模式创新过程中克服资源依赖成功实现商业模式创新的具体路径。

基于资源基础观、动态能力理论,将开放式创新视为组织的知识资源,将组织敏捷性视为动态能力,考察了特定类型的开放式创新与组织敏捷性对商业模式创新的具体驱动机理。子研究二共有 10 个假设,其中 9 个假设通过验证。结构方程模型检验发现,内向型开放式创新对商业模式创新有促进作用,但外向型开放式创新对商业模式创新的正向作用不显著;市场利用敏捷性与运营调整敏捷性对商业模式创新同时存在直接的正向效应;内向型开放式创新、外向型开放式创新对市场利用敏捷性与运营调整敏捷性都存在正向的促进作用;市场利用敏捷性与运营调整敏捷性在内向型开放式创新与商业模式创新之间起到了中介桥梁作用,其中市场利用敏捷性的中介效应优于运营调整敏捷性。

研究三在前两个研究问题的基础上,综合考量了各主要因素的相互作用及其配置组合对商业模式创新结果的影响。采用模糊集定性对比分析,发现没有任何一个因素自身是商业模式创新的必要条件,也没有任何一个因素的否定条件是抑制商业模式创新的必要条件;有 6 条构型路径是商业模式创新的充分条件。路径 1 显示,环境动态性较高时,高水平的分布式领导、内向型开放式创新、低水平外向型开放式创新、高市场利用敏捷性的组合与高运营调整敏捷性的组合能够促进商业模式创新的产生。路径 2 显示,环境较为稳定时,无论分布式领导是否存在,高水平外向型开放式创新、高市场利用敏捷性与低水平的内向型开放式创新、低运营调整敏捷性的组合均能促进商业模式创新。路径 3 显示,环境较为动荡时,无论内向型开放式创新是否存在,高水平的分布式领导、高水平运营调整敏捷性与低水平外向型开放式创新、低市场利用敏捷性的组合均能推动商业模式创新。路径 4 显示,环境较为动荡时,无论外向型开放式创新是否存在,低水平分布式领导与高水平的内向型开放式创新、两类组织敏捷性的组合均有利于商业模式创新。路径 5 表明,环境较为稳定时,无论组织敏捷性是否存在,高水平的分布式领导、高水平内向型开放式创新、低水平外向型开放式创三者的配置组合有助于创新商业模式。路径 6 表明,无论环境动荡与否、分布式领导模式是否存在,高水平内向型开放式创新、高水平外向型开放式创新、高水平市场利用敏捷性与低水平运营调整敏捷性的组合均能够促进商业模式创新。内向型开放式创新与市场敏捷性是 6 条路径当中最为关键的要素。有 3 条抑制商业模式创新的路径,其中内向型开放式创新的否定条件较为关键。

第二节　理论贡献

随着商业模式概念的明晰、案例分析论证的完善,商业模式创新的研究开始受到关注,并取得了相应的进展。然而,由于商业模式的系统性与复杂性,商业模式创新往往受到很多阻碍,对商业模式创新前因的研究也因此受到些许影响。现有研究中,对商业模式创新前因分析较多集中对外部环境因素的考量,例如,市场变革,技术转换等,对于内部要素的驱动机理探究较少。本书从商业模式创新面临组织惯性的角度出发,分析了领导模式、知识资源以及动态能力影响商业模式创新的具体机理,揭示了企业如何执行领导行为、获取关键资源、整合内部能力最终推动商业模式创新的具体路径,为战略创新研究领域做出了一定的理论和实际贡献。归纳起来,本书提供了如下理论贡献:

第一,基于克服认知惯性的角度,考察了新型分布式领导与商业模式创新的直接影响与驱动机理,有利于厘清领导模式与商业模式创新的具体关系,同时拓展了分布式领导的研究范围。Chesbrough (2010) 指出,商业模式创新的探索阶段可能因领导者个人认知的有限理性,加上受以往管理经验的束缚,无法抓住商业模式创新机会,甚至对商业模式创新产生抵制情绪。现有研究对领导行为与商业模式创新的关注较少，并且较多地分析高层管理团队或个人的领导行为，强调垂直领导模式。知识经济时代下，个人知识的专业化特征日益明显，无论是领导还是组织成员都无法完全掌握多样化的异质性知识。区别于技术创新与产品创新，商业模式创新作为企业的运营系统，涉及多个创新层面，因此传统的高层管理领导模式较难处理多样、复杂的商业模式创新问题。本书引入分布式领导模式考察其对商业模式创新的影响机理，有助于拓展商业模式创新领导认知方面的前因因素。Foss 等（2017a）指出洞察商业模式创新的形成机理，需要对领导行为的有效性进行分析，因此本书也进一步回应了以往学者对领导行为和商业模式创新之间关系的研究。

第二，以往研究多在教育学领域中探索分布式领导的实践可行性与具体效能作用，较少研究关注分布式领导在企业组织中的实践性（Harris，2004；Feng et al.，2017）。本书通过实证分析，证实了分布式领导在组织层面的可行性，也肯定了其对组织创新行为的积极效能。基于此，本书拓宽了分布式领导的研究范围，同时证实了其在企业组织中的正向效能作用。此外，在对分布式领导直接效能分析的基础上，本书继续考察了分布式领导影响商业模式创新作用效能的内在情境因素，实证结果表明，市场利用敏捷性的正向调节作用显著。这进一步厘清了分布式领导、机会识别与商业模式创新之间的关系，也明确了分布式领导作用的组织内部的边界条件。值得注意的是，运营调整敏捷性的调节作用不显著，这可能归咎于组织敏捷性的不同特征。市场利用敏捷性为外向型敏捷性，注重外部市场并能帮助企业及时掌握市场信息，因此其对外部关注特性的机会识别的作用更强。运营调整敏捷性为内向型敏捷能力，它虽然也关注外部变化，但主要精力放在内部的及时调整上，因此对外部机会识别的作用不够显著。

　　第三,基于资源和路径依赖角度,探索了开放式创新与组织敏捷性对商业模式创新的影响机理,明晰了开放式创新与组织敏捷性对商业模式创新的不同影响以及内在驱动机理,并阐释了开放式创新与组织敏捷性的关系。现有关于商业模式创新前因驱动因素的研究中,更多地讨论商业模式创新的具体演化过程,并且将其与技术创新融合在一起分析(Chesbrough et al.,2006a;Baden-Fuller et al.,2013),较少涉及企业内部资源与能力的互动与作用机理。商业模式本质是企业内部资源与结构的重组,涉及交易内容、结构以及与相关利益者之间关系的调整。这种系统性的创新需要足够的资源及组织内部调整的灵活性。因此商业模式创新并不是仅仅与外部技术变化、内部技术创新相关,企业内部资源的限制以及组织动态能力的培养应当在商业模式创新过程中获得更多关注。

　　现有研究已经指出开放组织边界式的资源获取方式是企业获取资源的有效方法(Brunswicker et al.,2015;Camerani et al.,2016),组织敏捷性是企业灵活调整内部结构与资产的重要能力(Lu et al.,2011)。但关于两种因素对商业模式创新的影响研究却较为分散和片面,鲜有文献将两者纳入统一理论模型,分析知识资源与能力对创新商业模式创新的作用机理。本书基于资源基础观和动态能力理论,同时考虑开放式创新与组织敏捷性的作用,通过实证检验,探究了不同类型开放式创新与商业模式创新之间的具体关系,证实了内向型开放式创新(外部资源获取)与商业模式创新之间的正向相关关系,并且分析了外部资源利用对商业模式创新的效能。尽管外向型开放式创新对商业模式创新的作用不显著,但并不能否定外向型开放式创新的积极效能。不够显著的原因很大程度上在于现有理论和实践过多地关注内向型开放式创新,对外向型开放式创新持过分谨慎态度,进而导致外向型开放式创新的作用不够显著。

同时，组织敏捷性推动商业模式创新的结论，证实了动态能力理论框架，也肯定了 Teece（2017）的观点，即动态能力是促进商业模式重构与创新的核心因素。此外，本书考察了两种类型开放式创新和组织敏捷性对商业模式创新的作用机理，结果显示内向型开放式创新能够通过两种不同的敏捷性推动商业模式创新，其中运营调整敏捷性的中介作用优于市场利用敏捷性。这明确了组织敏捷性、开放式创新战略和商业模式创新之间的差异化关系，同时也明晰了不同敏捷性对于商业模式创新的差异化影响。基于此，本书内容丰富了商业模式创新的前因研究，同时也回应了 Foss 等（2017a）对特定开放式创新模式与商业模式匹配关系进行深入探讨的呼吁。

第三，首次利用 fsQCA 对商业模式创新驱动因素进行构型分析，不仅有利于更加深入地了解商业模式创新前因条件，也提供了商业模式创新领域研究方法的新视角。以往商业模式创新研究多聚焦于单一层次的因素影响，或管理认知（McGrath，2010），或资源能力（Hock et al.，2016），或组织结构与设计（Osiyevskyy et al.，2015），或盈利模式（Wirtz et al.，2010），等等。基于此，传统的研究通常采用对称的线性回归法考察单个变量对结果变量的净效应。然而，商业模式作为企业创造价值的整个系统，其所涉及的范围和层次都较广，单独考察一个情景内的元素，无法深入解释企业商业模式创新的独特性及其内部因素对其的差异化影响。一方面，本书在线性实证分析的基础上，结合 fsQCA 进一步验证了之前实证分析的假设，商业模式创新是一个"多重并发因果"导致的复杂现象，本书采用 fsQCA，结合配置理论，发现共有 6 条解释因素配置组合路径是商业模式创新成功的子集，即充分条件。内向型开放式创新与市场利用敏捷性在本书中是实现商业模式创新的最关键因素；运营调整敏捷性、分布式领导与动态环境是次要因素；外向型开放式创新的影响更为次要。该结果不仅再次验证了前两个研究问题对分布式领导、开放式创新与组织敏捷性的积极效能的探究,同时也进一步深化了各个因素之间的相关关系。另一方面,研究同时考虑了组织内部领导模式(分布式领导)、知识资源(开放式创新)与动态能力(组织敏捷性)对商业模式创新的促进和损耗机理。现有研究中虽然揭示了开放式创新可能存在一定的阻碍、分布式领导实现的困难以及动态能力使用的双刃效应。但是大多数研究仍然只注重这些因素的积极效能,忽视了它们的其损耗作用,本书证实了有 3 条组合路径会导致商业模式创新失败,进一步丰富了战略创新领域的研究,也为商业模式创新的前因研究提供了新的视角。

第三节　管理启示

在新时代大背景下,实现产业结构转型升级、深化经济体制改革是经济发展的重要攻坚战。企业是国民经济的细胞,是经济发展的核心力量,企业的可持续发展和经济实力是保障国民经济稳步增长的基础。为了保障长期竞争优势,企业必须及时重构自身商业模式,转变交易内容、结构与方式,连接新的利益相关者。本书基于组织惯性的角度,从认知资源、知识资源及动态能力视角阐释了商业模式创新的驱动因素。尽管商业模式创新已经成为理论界与实业界共同关注的话题,然而对于如何推动商业模式创新,如何克服创新过程中的各种阻碍,以及对商业模式创新给予何种支持都没有形成清晰统一的认知。本书结果能够为管理者在商业模式创新管理方面提出较有意义的启示。

第一,企业应采用较为平行的领导模式以便及时准确地识别商业模式创新机会。商业模式创新的起点在于对外部商业机会的把握,其离不开管理者的认知和决策能力。一般认为,管理者掌握异质性知识,更加关注外部环境和组织的变化,更易发现商业机会。同时,组织如果能够充分使用成员之间的异质性知识,就能够促进知识共享,解决创新过程中面临的各种棘手问题。然而,大部分企业采用的垂直型领导模式,更多地强调高层管理者的领导职能,依赖于个人的管理知识,容易导致企业无法准确识别外部商业机会,及时有效地处理创新过程中面临的冲突。因此,企业应该基于商业模式创新的需求,积极实施分布式领导模式,鼓励组织成员之间的合作,同时承担领导职能。企业可以通过营造合作氛围、开展各种培训、鼓励员工提升自我技能、承担领导角色等方式推行分布式领导模式。同时,企业应实时关注外部环境的变化,环境较为动荡时,分布式领导对商业模式创新的影响会更显著。

第二,开放式创新与组织敏捷性在商业模式创新过程中扮演着重要的角色。大多数企业在进行突破性的变革时,往往面临着资源限制以及内部资产配置的冲突。资源限制与路径依赖会促使企业依附于先前的管理经验,依据以往成功路径进行商业模式创新。企业管理者应该选择开放组织边界,积极获取外部资源,在注重内向型的资源获取的同时,也应该积极与外部建立联盟合作关系。此外,管理者实施开放式创新战略时,应该提升自身应对外部变化的敏捷性,通过内部资源的调整,建立起良好的外部信息反馈机制,特别是要多关注外部市场与客户需求的变化。开放组织边界的创新方式能够帮助企业克服商业模式创新过程中的资源缺失等问题,组织敏捷性能够克服路径依赖,及时感知和响应外部环境的变化,促使企业及时调整内部运营流程,改变产品、服务方法等。

第三,本书结果显示分布式领导、开放式创新与组织敏捷性在动态环境下,能够配置成 6 条实现商业模式创新的充分条件路径。其中内向型开放式创新与市场利用敏捷性是本书内配置组合中最为关键的要素,运营调整敏捷性与动态环境的影响次之。基于此,企业管理者应该依据研究结果得出的最佳配置组合路径,对分布式领导、内外向型开放式创新、市场利用敏捷性与运营调整敏捷性做出适当的资源分配,以便最大限度地推动商业模式创新。企业采用外向型开放式创新时,应当结合其他关键因素,例如内向型开放式创新、分布式领导、市场利用敏捷性等,才能够产生更大的效益。

第四,研究结果显示,共有 3 条路径会抑制商业模式创新,管理者在了解如何分配资源推动商业模式创新时,也应该规避对内向型开放式创新和分布式领导等因素的忽略。此外,研究结果也表明,没有任何一个单独的因素是促进和损耗商业模式创新的必要条件,即没有任何一个条件是不可或缺的。因此企业领导者需要树立正确的创新姿态,适当地分配资源,不需要将精力和资源放在所有的层面上。

第四节　研究局限与展望

本书通过多种研究方法,基于组织惯性的视角探究了商业模式创新的驱动因素,研究结果为当前理论研究和管理实践提供了一些启示。但囿于各种限制性因素,本书也存在些许不足之处。

第一,在分布式领导对商业模式创新的影响研究中,本书仅将内部组织敏捷性考虑为权变因素,没有将其他内生因素考虑在内。领导行为的有效性很大程度上依赖于外部环境、组织结构、组织文化和领导者个人心理层面等的变化和特点。未来研究中可以充分考虑组织内外部边界因素,进一步深化分布式领导的边界条件,以及其对商业模式创新的作用机理。此外,分布式领导的量表主要是在教育学领域中开发得来的,本书虽然在原有的基础上基于组织领域改进了量表,但是量表并未被广泛使用,因此未来研究中可以进一步优化分布式领导的量表。

第二,在开放式创新对商业模式创新的影响机制中,本书仅考虑了组织敏捷性的中介效应。创新知识资源的执行尽管与动态能力息息相关,但也与组织内部的基本能力如技术能力、市场能力等因素紧密相连。基于动态能力理论的框架中也少不了内外部动态情境因素的影响。因此,未来研究中,研究者可以进一步分析内部基本能力在开放式创新与商业模式创新之间的具体作用,并且纳入动态情境因素,完善动态能力理论模型。

第三,关于商业模式创新成功的影响因素研究中,本书主要考察了高新技术行业,并且选择了245家企业作为研究对象。通过实证研究商业模式创新的驱动因素,能够验证以往案例研究的结果。尽管高新技术企业在创新商业模式行动上较为频繁,对单一行业的研究容易限制研究结果的普适性。此外,不同行业领域中,开放式创新与领导模式的表现不一,本书没有详述不同行业带来的影响,不同行业的研究对象有利于增加研究结果的稳健性。未来研究中,研究者可以尝试增加行业研究对象,并且进一步增加样本规模。

第四,本书主要采用问卷调查法获取数据。问卷调查的数据获取方式主观性较强,对实证研究的解释力度不足。此外,本书为横向研究,没有获取纵向研究数据,企业战略执行有一段滞后期,创新过程一般都较长,尤其是商业模式创新,战略执行过程尤为复杂,结果滞后期更长。因此,下一步研究中,研究者可以结合横截面客观数据进行纵向分析。多样化的数据来源会使研究的结果得到更多证据支持,促使研究结果得到更好的延伸与补充。

参考文献

[1] 陈劲，陈钰芬，2006. 开放创新体系与企业技术创新资源配置 [J].科研管理(3)：1-8.

[2] 陈劲，吴波，2012. 开放式创新下企业开放度与外部关键资源获取[J].科研管理(9)：10-21,106.

[3] 陈钰芬，陈劲，2008. 开放度对企业技术创新绩效的影响[J].科学学研究，26(2)：419-426.

[4] 程愚，孙建国，2013. 商业模式的理论模型：要素及其关系[J].中国工业经济(1)：141-153.

[5] 冯彩玲，张丽华，时勘，2014. 领导风格会提高员工的工作积极性和创新性吗？——企业家导向的跨层次调节作用[J].研究与发展管理，26(3)：62-73.

[6] 冯军政，魏江，2011. 国外动态能力维度划分及测量研究综述与展望[J].外国经济与管理，33(7)：26-33.

[7] 高闯，关鑫，2006. 企业商业模式创新的实现方式与演进机理——一种基于价值链创新的理论解释[J].中国工业经济(11)：83-90.

[8] 高良谋，马文甲，2014. 开放式创新：内涵、框架与中国情境[J].

管理世界(6):157-169.

[9] 高沛然,李明,2017. 组织 IT 资源对运营调整敏捷性影响的实证研究[J].南开管理评论,20(5):165-174.

[10] 高沛然,张金隆,艾学轶,等,2018. PLS-DEMATEL 方法及其应用研究——以组织敏捷性的 IT 影响因素分析为例[J].运筹与管理,27(3):126-132.

[11] 高照,2016. 开放式创新模式影响国际化企业创新绩效的实证研究[J].科学管理研究(2):58-61,107.

[12] 葛沪飞,仝允桓,高旭东,2010. 开放式创新下组织吸收能力概念拓展[J].科学学与科学技术管理(2):46-52.

[13] 贾建锋,唐贵瑶,李俊鹏,等,2015. 高管胜任特征与战略导向的匹配对企业绩效的影响[J].管理世界(2):120-132.

[14] 简兆权,王晨,陈键宏,2015. 战略导向、动态能力与技术创新:环境不确定性的调节作用[J].研究与发展管理(2):65-76.

[15] 江积海,2014. 国外开放式创新研究的十年回顾及其展望[J].经济管理(1):175-187.

[16] 李玲,2011. 技术创新网络中企业间依赖,企业开放度对合作绩效的影响[J].南开管理评论(4):16-24.

[17] 李艳红,田凤艳,韩兴亮,2003. 企业信息系统的敏捷性及其度量体系[J].系统工程,21(6):27-31.

[18] 李志强,赵卫军,2012a. 企业技术创新与商业模式创新的协同研究[J].中国软科学(10):117-124.

[19] 李志强,赵卫军,2012b. 企业技术创新与商业模式创新的协同研究[J].中国软科学,10(8).

[20] 罗仲伟,任国良,焦豪,等,2014. 动态能力,技术范式转变与创新战略[J].管理世界(8).

[21] 庞学卿,2016.商业模式创新的前因及绩效:管理决策视角[D].
杭州:浙江大学.

[22] 彭正龙,王海花,蒋旭灿,2011. 开放式创新模式下资源共享对
创新绩效的影响:知识转移的中介效应[J].科学学与科学技术
管理,32(1)：48-53.

[23] 戚耀元,2017. 面向高新制造企业的技术创新与商业模式创新
耦合关系及其对绩效的影响研究[D].北京:北京科技大学.

[24] 任小勋,乔晗,黄稚渊,等,2015. 商业模式钻石模型——平安
金融旗舰店案例研究[J].管理评论(11):231-240.

[25] 盛济川,吉敏,朱晓东,2013. 内向和外向开放式创新组织模式
研究——基于技术路线图视角[J].科学学研究(8):1268-1274.

[26] 王海花,谢富纪,2012. 开放式创新模式下组织间知识转移、环
境动荡性对企业创新绩效的影响研究[J].科学管理研究,30
(3)：70-73.

[27] 魏艳鹏,禹志明,2017. 菲德勒模型内涵探析三步曲[J].现代经
济信息(11):118.

[28] 魏泽龙,宋茜,权一鸣,2017a. 开放学习与商业模式创新:竞争
环境的调节作用[J].管理评论(12):27-38.

[29] 魏泽龙,王舒阳,宋茜,等,2017b. 战略认知、外部环境对商业模
式新颖性的影响研究[J]. 科学学与科学技术管理(12):
109-123.

[30] 吴晓波,赵子溢,2017. 商业模式创新的前因问题:研究综述与
展望[J].外国经济与管理(1)：114-127.

[31] 吴晓波,朱培忠,姚明明,2016. 资产互补性对商业模式创新的
影响研究[N].西安电子科技大学学报(2):22-29.

[32] 伍蓓,陈劲,吴增源,2009. 企业研发外包的模式,特征及流程

探讨——基于 X 集团汽车制造案例研究[J].研究与发展管理，21(2):56-63,72.

[33] 闫春,2014.近十年国外开放式创新的理论与实践研究述评[J].研究与发展管理(4):92-105.

[34] 阎婧,刘志迎,郑晓峰,2016.环境动态性调节作用下的变革型领导、商业模式创新与企业绩效[J].管理学报(8):1208-1214.

[35] 阳双梅,孙锐,2013.论技术创新与商业模式创新的关系[J].科学学研究,31(10):1572-1580.

[36] 杨静,王重鸣,2012.创业机会研究前沿探析[J].外国经济与管理,34(5):9-17.

[37] 姚明明,吴晓波,石涌江,等,2014.技术追赶视角下商业模式设计与技术创新战略的匹配——一个多案例研究[J].管理世界(10):149-162,188.

[38] 易加斌,谢冬梅,高金微,2015.高新技术企业商业模式创新影响因素实证研究——基于知识视角[J].科研管理(2):50-59.

[39] 原磊,2007.商业模式体系重构[J].中国工业经济(6):70-79.

[40] 曾萍,李明璇,刘洋,2016.政府支持、企业动态能力与商业模式创新:传导机制与情境调节[J].研究与发展管理(4):31-38,137.

[41] 张建宇,2014.企业探索性创新与开发性创新的资源基础及其匹配性研究[J].管理评论(11):88-98.

[42] 张晓峰,2011.分布式领导:缘起、概念与实施[J].比较教育研究,33(9):44-49.

[43] 张新香,2015.商业模式创新驱动技术创新的实现机理研究——基于软件业的多案例扎根分析[J].科学学研究(4):616-626.

[44] 张振刚,陈志明,李云健,2015.开放式创新、吸收能力与创新绩效关系研究[J].科研管理(3):49-56.

［45］赵立龙，刘洋，魏江，等，2017. 制造企业服务创新战略与竞争优势获取：机制与权变情境［J］.科研管理，38(5):20-29.

［46］周飞，孙锐，2016. 基于动态能力视角的跨界搜寻对商业模式创新的影响研究. 管理学报(11):1674-1680.

［47］朱瑜，黄丽君，曾程程，2014. 分布式领导是员工主动行为的驱动因素吗？——一个基于多重中介效应模型的检验［J］.外国经济与管理，36(9):38-51.

［48］Aldrich H E, Cliff J E, 2003. The pervasive effects of family on entrepreneurship: toward a family embeddedness perspective［J］. Journal of Business Venturing(5):573-596.

［49］Amit R, Zott C, 2001. Value creation in e-business［J］. Strategic Management Journal，22(6-7):493-520.

［50］Chesbrough H, Brunswicker S, 2014. A fad or a phenomenon? the adoption of open innovation practices in large firms［J］. Research Technology Management，57(2):16-25.

［51］Cohen J, Cohen P, 2003. Applied multiple regression/correlation analysis for the behavioral sciences:［M］. Mahwah: Lawrence Erlbaum Associates.

［52］Dimov D, 2007. Beyond the single-person, single-insight attribution in understanding entrepreneurial opportunities［J］. Entrepreneurship Theory & Practice，31(5):713-731.

［53］Kraaijenbrink J, Spender J-C, Groen A J, 2010. The resource-based view: a review and assessment of its critiques［J］. Journal of Management，36(1):349-372.

［54］Kraus S, Ribeiro-Soriano D, Schüssler M, 2017. Fuzzy-set qualitative comparative analysis (fsQCA) in entrepreneurship and innovation research-the rise of a method[J]. International Entrepreneurship and Management Journal, 32:1-19.

[55] Lakhani K R, 2013. Open innovation and organizational boundaries: task decomposition, knowledge distribution and the locus of innovation[J]. Hand Book of Economic Organization.

[56] Lichtenthaler U, 2008. Open innovation in practice: an analysis of strategic approaches to technology transactions[J]. IEEE Transactions on Engineering Management, 55(1):148-157.

[57] Lu Ying, Ramamurthy K, 2011. Understanding the link between information technology capability and organizational agility: an empirical examination[J]. MIS Quart, 931-954.

[58] Mark D R, Harry B, Ian M, 2009. Business model dynamics: a case survey[J]. Journal of Theoretical & Applied Electronic Commerce Research(1):1-11.

[59] Wei Z, Song X, Wang D, 2017. Manufacturing flexibility, business model design, and firm performance[J]. International Journal of Production Economics, 193:87-97.

[60] Wernerfelt B, 1984. A resource-based view of the firm[J]. Strategic Management Journal(2): 171-180.

[61] Zott C, Amit R, 2007. Business model design and the performance of entrepreneurial firms[J]. Organization Science, 18(2):181-199.

[62] Achtenhagen L, Melin L, Naldi L, 2013. Dynamics of business models-strategizing, critical capabilities and activities for sustained value creation[J]. Long Range Planning, 46(6): 427-442.

[63] Agarwal A, Shankar R, Tiwari M K, 2007. Modeling agility of supply chain[J]. Industrial Marketing Management, 36(4):

443-457.

[64] Almirall E，Casadesus-Masanell R，2010. Open versus closed innovation：a model of discovery and divergence[J]. Academy of Management Review，35(1)：27-47.

[65] Alvarez S A，Barney J B，2007. Discovery and creation：alternative theories of entrepreneurial action[J]. Strategic Entrepreneurship Journal(1-2)：11-26.

[66] Amit R，Schoemaker P J H，1993. Strategic assets and organizational rent[J]. Strategic Management Journal(1)：33-46.

[67] Amit R，Zott C，2010. Business model innovation：creating value in times of change[J]. Social Science Electronic Publishing，23：108-121.

[68] Amit R，Zott C，2012. Creating value through business model innovation[J]. MIT Sloan Management Review，53(3)：41-49.

[69] Amit R，Zott C，2015. Crafting business architecture：the antecedents of business model design[J]. Strategic Entrepreneurship Journal(4)：331-350.

[70] Anderson J C，Gerbing D W，1988. Structural equation modeling in practice：a review and recommended two-step approach [J]. Psychological Bulletin，103(3)：411.

[71] Arora A，Fosfuri A，Gambardella A，2001. Markets for technology and their implications for corporate strategy [J]. Industrial and Corporate Change(2)：419-451.

[72] Aspara J，Lamberg J，Laukia A et al.，2013. Corporate business model transformation and inter-organizational cognition：the case of Nokia[J]. Long Range Planning，46(6)：459-474.

[73] Augusto M, Coelho F, 2009. Market orientation and new-to-the-world products: exploring the moderating effects of innovativeness, competitive strength, and environmental forces [J]. Industrial Marketing Management, 38(1): 94-108.

[74] Badaracco Jr J L, 2001. We don't need another hero [J]. Harvard Business Review, 79(8): 120-126, 162.

[75] Baden-Fuller C, Haefliger S, 2013. Business models and technological innovation[J]. Long Range Planning, 46(6): 419-426.

[76] Baden-Fuller C, Morgan M S, 2010. Business models as models [J]. Long Range Planning, 43(2-3): 156-171.

[77] Bain J S, 1968. Industrial organization[M]. New York: John Wiley & Sons, Inc.

[78] Barney J B, 1986. Strategic factor markets: expectations, luck, and business strategy [J]. Management Science, 32(10): 1231-1241.

[79] Barney J B, 2001. Resource-based theories of competitive advantage: a ten-year retrospective on the resource-based view[J]. Journal of Management, 27(6): 643-650.

[80] Barney J, 1991. Firm resources and sustained competitive advantage [J]. Journal of Management, 17(1): 99-120.

[81] Barney J, Wright M, Ketchen D J, 2001. The resource-based view of the firm: ten years after 1991[J]. Journal of Management, 27 (6): 625-641.

[82] Baron R A, 2006. Opportunity recognition as pattern recognition: how entrepreneurs "connect the dots" to identify new business opportunities[J]. Academy of Management Perspectives, 20(1):

104-119.

[83] Baron R M, Kenny D A, 1986. The moderator-mediator variable distinction in social psychological research: conceptual, strategic, and statistical considerations[J]. Journal of Personality and Social Psychology, 51(6): 1173.

[84] Barreto I, 2010. Dynamic capabilities: a review of past research and an agenda for the future[J]. Journal of Management, 36 (1):256-280.

[85] Basile A, Faraci R, 2015. Aligning management model and business model in the management innovation perspective: the role of managerial dynamic capabilities in the organizational change[J]. Journal of Organizational Change Management, 28(1): 43-58.

[86] Bentler E M, Chou C E, 1987. Practical issues in structural modeling[J]. Sociological Methods &Research (1):78-117.

[87] Berchicci L, 2013. Towards an open R&D system: internal R&D investment, external knowledge acquisition and innovative performance[J]. Research Policy, 42(1):117-127.

[88] Berglund H, Sand C, 2013. Business model innovation from an open systems perspective: structural challenges and managerial solutions[J]. International Journal of Product Development, 18 (3-4):274-285.

[89] Beycioglu K, Harris A, 2011. Distributed leadership: implications for the role of the principal[J]. Journal of Management Development, 31(1): 7-17.

[90] Bianchi M, Croce A, Dell'Era C et al., 2016. Organizing for inbound open innovation: how external consultants and a dedi-

cated R&D unit influence product innovation performance[J]. Journal of Product Innovation Management, 33(4): 492-510.

[91] Bock A J, Opsahl T, George G et al., 2012. The effects of culture and structure on strategic flexibility during business model innovation[J]. Journal of Management Studies, 49(2): 279-305.

[92] Bogers M, Foss N J, Lyngsie J, 2018. The "human side" of open innovation: the role of employee diversity in firm-level openness[J]. Resources Policy, 47(1):218-231.

[93] Bolden R, 2011. Distributed leadership in organizations: a review of theory and research[J]. International Journal of Management Reviews, 13(3):251-269.

[94] Bouncken R B, Fredrich V, 2016. Business model innovation in alliances: successful configurations[J]. Journal of Business Research, 69(9): 3584-3590.

[95] Bouwman H, Macinnes I, 2006. Dynamic business model eramework for value webs[J]. Hawaii International Conference on System Sciences. IEEE Computer Society.

[96] Bowers D G, Seashore S E, 1966. Predicting organizational effectiveness with a four-factor theory of leadership[J]. Administrative Science Quarterly, 11(2):238-263.

[97] Brannen M Y, Doz Y L, 2012. Corporate languages and strategic agility: trapped in your jargon or lost in translation[J]. California Management Review, 54(3): 77-97.

[98] Braunscheidel M J, Suresh N C, 2009. The organizational antecedents of a firm's supply chain agility for risk mitigation

and response[J]. Journal of Operation Management, 27(2): 119-140.

[99] BrunswickerS, Vanhaverbeke W, 2015. Open innovation in small and medium-sized enterprises(SMEs): external knowl-edge sourcing strategies and internal organizational facilitators[J]. Journal of Small Business Management, 53(4):1241-1263.

[100] Busenitz L W, Barney J B,1997. Differences between entre-preneurs and managers in large Organizations: biases and heuristics in strategic decision-making [J]. Social Science Electronic Publishing(2):9-30.

[101] Bush T, Glover D, 2012. Distributed leadership in action: leading high-performing leadership teams in English schools[J]. School Leadership and Management, 32(1):21-36.

[102] Cai Z, Huang Q, Liu H et al., 2013. Developing organizational agility through IT capability and KM capability: the moderating effects of organizational climate[C]. PACIS.

[103] Camerani R, Denicolai S, Masucci M et al., 2016. Inbound open innovation, outbound open innovation, and their Joint effect on firm performance [J]. Academy of Management Annual Meeting Proceedings(1):17790.

[104] Cannatelli B, Smith B, Giudici A et al., 2016. An expanded model of distributed leadership in organizational knowledge creation[J]. Long Range Planning, 50(5):582-602.

[105] Cao Q, Dowlatshahi S, 2005. The impact of alignment between virtual enterprise and information technology on business performance in an agile manufacturing environment[J].

Journal of Operations Management，23(5):531-550.

[106] Carayannis E G. , Sindakis S, Walter C,2015. Business model innovation as lever of organizational sustainability[J]. Journal of Technology Transfer，40(1):85-104.

[107] Carini R M, Hall R H, 1996. Organizations: structures, processes, and outcomes[J]. Teaching Sociology，28(4):393.

[108] Carmeli A, Schaubroeck J, Tishler A, 2011. How CEO empowering leadership shapes top management team processes: implications for firm performance[J]. The Leadership Quarterly, 22(2): 399-411.

[109] Carson J B, Tesluk P E, Marrone J A, 2007. Shared leadership in teams: an investigation of antecedent conditions and performance[J]. Academy of Management Journal, 50 (5): 1217-1234.

[110] Casadesus-Masanell R, Ricart J E, 2010. From strategy to business models and onto tactics[J]. Long Range Planning, 43 (2-3):195-215.

[111] Casadesus-Masanell R, Zhu F, 2013. Business model innovation and competitive imitation: the case of sponsor-based business models[J]. Strategic Management Journal, 34 (4): 464-482.

[112] Cassiman B, Valentini G, 2016. Open innovation: are inbound and outbound knowledge flows really complementary [J]. Strategic Management Journal, 37(6):1034-1046.

[113] Casson M, 2005. Entrepreneurship and the theory of the firm[J]. Journal of Economic Behavior and Organization，58(2):327-348.

[114] Cavalcante S, Kesting P, Ulhøi J, 2011. Business model dynamics and innovation: re establishing the missing linkages[J]. Management Decision, 49(8):1327-1342.

[115] Cegarra-Navarro J, Soto-Acosta P, Wensley A K P, 2016. Structured knowledge processes and firm performance: the role of organizational agility[J]. Journal of Business Research, 69(5):1544-1549.

[116] Chakravarty A, Grewal R, Sambamurthy V, 2013. Information technology competencies, organizational agility, and firm performance: enabling and facilitating roles[J]. Information Systems Research, 24(4):976-997.

[117] Chandler G N, Hanks S H, 1994. Founder competence, the envi-ronment, and venture performance[J]. Entrepreneurship Theory and Practice, 18(3):77-89.

[118] Chen M, Miller D, 1994. Competitive attack, retaliation and performance: an expectancy-valence framework[J]. Strategic Management Journal, 15(2):85-102.

[119] Chen W, Chiang A, 2011. Network agility as a trigger for enhancing firm performance: a case study of a high-tech firm implementing the mixed channel strategy[J]. Industrial Marketing Management, 40(4):643-651.

[120] Cheng C C J, Huizingh E K R E, 2014. When is open inno-vation beneficial? the role of strategic orientation[J]. Journal of Product Innovation Management, 31(6):1235-1253.

[121] Chesbrough H, 2003a. The logic of open innovation: Managing intellectual property[J]. California Management

Review，45(3)：33.

[122] Chesbrough H，2007. Business model innovation：it's not just about technology anymore[J]. Strategy and Leadership，35(6)：12-17.

[123] Chesbrough H，2010. Business model innovation：opportunities and barriers[J]. Long Range Planning，43(2)：354-363.

[124] Chesbrough H，Ahern S，Finn M et al.，2006a. Business models for technology in the developing world：the role of non-governmental organizations [J]. California Management Review，48(3)：48.

[125] Chesbrough H，Crowther A K，2006b. Beyond high tech：early adopters of open innovation in other industries[J]. R&D Management，36(3)：229-236.

[126] Chesbrough H，Rosenbloom R S，2002. The role of the business model in capturing value from innovation：evidence from Xerox Corporation's technology spin-off companies[J]. Industrial and Corporate Change，11(3)：529-555.

[127] Chesbrough H，Schwartz K，2007. Innovating business models with co-development partnerships[J]. Research-Technology Management，50(1)：55-59.

[128] Chesbrough Henry William，2003b. Open innovation：the new imperative for creating and profiting from technology[M]. Boston：Harvard Business School Press.

[129] Chiang Y，Hung K-Peng，2010. Exploring open search stra-tegies and perceived innovation performance from the perspec-tive of inter-organizational knowledge flows[J]. R&D Management，40

(3):292-299.

[130] Chow W S, Lai S C, 2008. Social network, social trust and shared goals in organizational knowledge sharing[J]. Information & Management, 45(7):458-465.

[131] Christensen C M, Bartman T, Van B D, 2016. The hard truth about business model innovation[J]. MIT Sloan Management Review, 58(1):31.

[132] Chung W W C, Yam A Y K, Chan Michael F S, 2004. Networked enterprise: a new business model for global sourcing[J]. International Journal of Production Economics, 87(3): 267-280.

[133] Cinzia, Alberto, Giovanni et al. , 2017. Cultivating business model agility through focused capabilities: a multiple case study[J]. Journal of Business Research, 73: 65-82.

[134] Cohen B, Winn M I, 2007. Market imperfections, opportunity and sustainable entrepreneurship[J]. Journal of Business Venturing, 22(1): 29-49.

[135] Cohen J, Cohen P, 2003. Applied multiple regression correlation analysis for the behavioral sciences[M]. Mahwah: Lawrence Erlbaum Associates.

[136] Conner K R, Prahalad C K, 1996. A resource-based theory of the firm: knowledge versus opportunism[J]. Organization Science(5): 477-501.

[137] Cope J, Kempster S, Parry K, 2011. Exploring distributed leadership in the small business context[J]. International Journal of Management Reviews(3):270-285.

[138] Cucculelli M, Bettinelli C, 2015. Business models, intangibles and firm performance: evidence on corporate entrepreneurship from Italian manufacturing SMEs[J]. Small Business Economics, 45 (2): 329-350.

[139] Danneels E, 2007. The process of technological competence leveraging [J]. Strategic Management Journal, 28 (5): 511-533.

[140] DaSilva C M, Trkman P, 2014. Business model: what it is and what it is not[J]. Long Range Planning, 47(6):379-389.

[141] Dawson J F, Richter A W, 2006. Probing three-way interactions in moderated multiple regression: development and application of a slope difference test [J]. Journal of Applied Psychology, 91(4): 917.

[142] Demil B, Lecocq X, 2010. Business model evolution: in search of dynamic consistency[J]. Long Range Planning, 43(2-3): 227-246.

[143] DeTienne D R, Chand G N, 2007. The role of gender in opportunity identification[J]. Entrepreneurship Theory & Practice, 31(3):365-386.

[144] DeVellis R F, 2016. Scale development: theory and applications[M]. London: Sage Publications.

[145] Doganova L, Eyquem-Renault M, 2009. What do business models do? innovation devices in technology entrepreneurship [J]. Resources Policy, 38(10): 1559-1570.

[146] Donaldson L, 2001. The contingency theory of organizations [M]. London:Sage Publications.

［147］Doz Y L，Kosonen M，2010a. Embedding strategic agility a leadership agenda for accelerating business model renewal［J］. Long Range Planning，43(2-3)：370-382.

［148］Drazin R，Van de Ven A H，1985. Alternative forms of fit in contingency theory［J］. Administrative Science Quarterly，30 (4)：514-539.

［149］Dunford R，Palmer I，Benveniste J，2010. Business model replication for early and rapid internationalization the ING direct experience［J］. Long Range Planning，43(5-6)：655-674.

［150］Dyer L，Shafer R A，1998. From human resource strategy to organizational effectiveness：lessons from research on organizational agility［R］. CAHRS Working Paper Series：125.

［151］Dyer L，Shafer R Allen. 1999. From human resource strategy to organizational effectiveness：lessons from research on organizational agility［M］// Wright P，Dyer L，Boudreau J et al. Strategic human resources management in the twenty first century. Stamford：JAI Press.

［152］Eckhardt J T，Ciuchta M P，Carpenter M，2018. Open innovation，information，and entrepreneurship within platform ecosystems［J］. Strategic Entrepreneurship Journal(3)：369-391.

［153］Eckhardt J T，Shane S A，2003. Opportunities and entrepreneurship［J］. Journal of Manage-ment，29(3)：333-349.

［154］Einola S，Kohtamki M，Rabetino R，2016. Coping with the paradoxes in servitization［C］. Spring Servitization Conference.

［155］Eisenhardt K M，Martin J A，2000. Dynamic capabilities：what are they［J］. Strategic Management Journal，21：1105-1121.

[156] Fan D, Li Y, Chen L, 2017. Configuring innovative societies: the crossvergent role of cultural and institutional varieties[J]. Technovation, 66:43-56.

[157] Feng Y, Hao B, Iles P et al, 2017 Rethinking distributed leadership: dimensions, antecedents and team effectiveness [J]. Leadership and Organization Development Journal (2):284-302.

[158] Ferreira F, Proenca J F, Spencer R et al., 2013. The transition from products to solutions: external business model fit and dynamics[J]. Industrial Marketing Management, 42 (7):1093-1101.

[159] Fiss P C, 2011. Building better causal theories: a fuzzy set approach to typologies in organization research[J]. Academy of Management Journal, 54(2):393-420.

[160] Fitzgerald L, Ferlie E, McGivern G et al., 2013. Distributed leadership patterns and service improvement: evidence and argument from English healthcare[J]. The Leadership Quarterly, 24(1):227-239.

[161] Foss N J, Saebi T, 2017a. Fifteen years of research on business model innovation: how far have we come, and where should we go[J]. Journal of Management, 43(1):200-227.

[162] Foss N J, Saebi T, 2017b. Business models and business model innovation: between wicked and paradigmatic problems[J]. Long Range Planning, 51(1):9-21.

[163] Foss N J, Stieglitz N, 2015. Business model innovation : the role of leadership[M]// Foss N J, Saebi T. The organizational dimension. Oxford: Oxford University Press.

[164] Frieder R E, Gang W, Oh I S, 2018. Linking job-relevant personality traits, transformational leadership, and job performance via perceived meaningfulness at work: a moderated mediation model[J]. Journal of Applied Psychology, 103(3): 324.

[165] Gaglio C M, Katz J A, 2001. The psychological basis of opportunity identification: entrepreneurial alertness[J]. Small Business Economics, 16(2):95-111.

[166] Gambardella A, McGahan A M, 2010. Business-model innovation: general purpose technologies and their implications for industry structure [J]. Long Range Planning, 43 (2-3): 262-271.

[167] Ganter A, Hecker A, 2014. Configurational paths to organizational innovation: qualitative comparative analyses of antecedents and contingencies[J]. Journal of Business Research, 67(6):1285-1292.

[168] Garriga H, Von K G, Spaeth S, 2013. How constraints and knowledge impact open innovation[J]. Strategic Management Journal, 34(9):1134-1144.

[169] George G, Bock A J, 2011. The business model in practice and its implications for entrepreneurship research[J]. Entrepreneurship Theory & Practice, 35(1): 83-111.

[170] Gerasymenko V, Clercq D D, Sapienza H J, 2015. Changing the business model: effects of venture capital firms and outside CEOs on portfolio company performance[J]. Strategic Entrepreneurship Journal(1):79-98.

[171] Ghezzi A, Rangone A , Balocco R, 2011, Strategic planning,

environmental dynamicity and their impact on business model design：the case of a mobile middleware technology provider[M]. Berlin：Springer.

[172] Gibb C A, 1954. Leadership. Hand book of social psychology [M]. Reading：Addison-Wesley.

[173] Gielnik M M, Frese M, Graf J M, 2012. Creativity in the opportunity identification process and the moderating effect of diversity of information[J]. Journal of Business Venturing, 27 (5)：559-576.

[174] Gielnik M M, Krämer A C, Kappel B et al., 2014. Antecedents of business opportunity identification and innovation：investigating the interplay of information processing and information acquisition [J]. Applied Psychology, 63 (2)：344-381.

[175] Goksoy S, 2016. Analysis of the relationship between shared leadership and distributed leadership[J]. Eurasian Journal of Educational Research,65：1-35.

[176] Gopalakrishnan S, Damanpour F, 1994. Patterns of generation and adoption of innovation in organizations-contingency models of innovation attributes [J]. Journal of Engineering and Technology Management(2)：95-116.

[177] Gordon R D, 2002. Conceptualizing leadership with respect to its historical-contextual antecedents to power[J]. Leadership Quarterly(2)：151-167.

[178] Griffith D A, Harvey M G, 2001. A resource perspective of global dynamic capabilities[J]. Journal of International Business Studies,

32(3):597-606.

[179] Gronn P, 2002. Distributed leadership as a unit of analysis[J]. The Leadership Quarterly(4): 423-451.

[180] Guo H, Su Z, Ahlstrom D, 2016. Business model innovation: the effects of exploratory orientation, opportunity recognition, and entrepreneurial bricolage in an emerging economy[J]. Asia Pacific Journal of Management(2):533-549.

[181] Guo H, Tang J, Su Z et al., 2017. Opportunity recognition and SME performance: the mediating effect of business model innovation[J]. R&D Management, 47(3): 431-442.

[182] Hall S, Roelich K, 2016. Business model innovation in electricity supply markets: the role of complex value in the United Kingdom [J]. Energy Policy, 92:286-298.

[183] Hambrick D C, Mason P A, 1984. Upper echelons: the organization as a reflection of its top managers[J]. Academy of Management Review(2):193-206.

[184] Hamel G, Prahalad C K, 1992. Strategy as stretch and leverage[J]. Harvard Business Review, 71(2):75-84.

[185] Hamel G, Prahalad C K, 2012. Competing for the future[J]. Harvard Business (5):78-80.

[186] Hansen D J, Shrader R, Monllor J, 2011. Defragmenting definitions of entrepreneurial opportunity[J]. Journal of Small Business Management, 49(2): 283-304.

[187] Harris A, 2004. Distributed leadership and school improvement leading or misleading[J]. Educational Management Administration and Leadership, 32(1):11-24.

[188] Harris A, 2008. Distributed leadership: according to the evidence[J]. Journal of Educational Administration, 46(2): 172-188.

[189] Harris A, 2009. Distributed leadership: different perspectives [M]. Berlin: Springer.

[190] Harris A, Mascall B, Leithwood K et al. ,2008. The relationship between distributed leadership and teachers' academic optimism [J]. Journal of Educational Administration, 46(2): 214-228.

[191] Hart S L, 1995. A natural-resource-based view of the firm[J]. Academy of Management Review, 20(4):986-1014.

[192] Heck R H, Hallinger P, 2010. Testing a longitudinal model of distributed leadership effects on school improvement[J]. The Leadership Quarterly, 21(5): 867-885.

[193] Helfat C E , Peteraf M A , 2003. The dynamic resource-based view: capability lifecycles[J]. Strategic Management Journal, 24(10):997-1010.

[194] Helfat C E, Finkelstein S, Mitchell W et al. ,2009. Dynamic capabilities: understanding strategic change in organizations [M]. Chichester:John Wiley and Sons, Ltd.

[195] Helfat C, Peteraf M, 2009. Understanding dynamic capabilities: progress along a developmental path[J]. Strategic Organization (1): 91.

[196] Helm R, Endres H, Hüsig S, 2019. When and how often to externally commercialize technologies? a critical review of outbound open innovation[J]. Review of Managerial Science(2):327-345.

[197] Henkel J, Schöberl S, Alexy O, 2014. The emergence of

openness: how and why firms adopt selective revealing in open innovation[J]. Research Policy, 43(5):879-890.

[198] Hoch J E, 2013. Shared leadership and innovation: the role of vertical leadership and employee integrity [J]. Journal of Business and Psychology, 28(2):159-174.

[199] Hock M, Clauss T, Schulz E, 2016. The impact of organizational culture on a firm's capability to innovate the business model[J]. R & D Management, 46(3):433-450.

[200] Hofer C W, 1975. Toward a contingency theory of business strategy[J]. Academy of Management Journal, 18(4):784-810.

[201] Holcombe R G, 2003. The origins of entrepreneurial opportunities [J]. The Review of Austrian Economics, 16(1):25-43.

[202] Holsapple C W, Li X, 2008. Understanding organizational agility: a work-design perspective[R]. Faculty Publications.

[203] Hristov D, Zehrer A, 2019. Does distributed leadership have a place in destination management organisations? a policy-makers perspective [J]. Current Issues in Tourism (22): 1095-1115.

[204] Hu B, 2014. Linking business models with technological innovation performance through organizational learning-ScienceDirect [J]. European Management Journal, 32(4):587-595.

[205] Hu Y, McNamara P, McLoughlin D, 2014. Outbound open innovation in bio-pharmaceutical out-licensing[J]. Technovation, 35(46):46-58.

[206] Huang H, Lai M, Lin L et al., 2013. Overcoming organizational inertia to strengthen business model innovation: an

open innovation perspective[J]. Journal of Organizational Change Managemen, 26(6):977-1002.

[207] Huergo E, Jaumandreu J, 2004. How does probability of innovation change with firm age [J]. Small Business Economic (3-4): 193-207.

[208] Hulpia H, Devos G, 2010. How distributed leadership can make a difference in teachers' organizational commitment? a qualitative study[J]. Teaching and Teacher Education, 26 (3): 565-575.

[209] Hulpia H, Devos G, Van K H, 2009. The influence of distributed leadership on teachers' organizational commitment: a multilevel approach[J]. The Journal of Educational Research, 103 (1): 40-52.

[210] Hung K, Chou C, 2013. The impact of open innovation on firm performance: the moderating effects of internal R&D and environmental turbulence[J]. Technovation , 33(10):368-380.

[211] Ireland R D, Hitt M A, Sirmon D G, 2003. A model of strategic entrepreneurship: the construct and its dimensions[J]. Journal of Management, 29(6): 963-989.

[212] Jansen J, Van D, Volberda H W, 2006. Exploratory innovation, exploitative innovation, and performance: effects of organizational antecedents and environmental moderators [J]. Management Science, 52(11):1661-1674.

[213] Johnson M W, Christensen C M, Kagermann H, 2008. Reinventing your business model [J]. Harvard Business Review, 86(12): 57-68.

[214] Jung D I, Avolio B J, 1999. Effects of leadership style and followers' cultural orientation on performance in group and individual task conditions[J]. Academy of Management Journal, 42(2):208-218.

[215] Karimi J, Walter Z, 2016. Corporate entrepreneurship, disruptive business model innovation adoption, and its performance: The case of the newspaper industry[J]. Long Range Planning, 49(3): 342-360.

[216] Kempster S, Higgs M, Wuerz T, 2014. Pilots for change: exploring organisational change through distributed leadership[J]. Leadership and Organization Development Journal, 35(2): 152-167.

[217] Ketchen D J, Hult G T M, Slater S F, 2007. Toward greater understanding of market orientation and the resource-based view[J]. Strategic Management Journal, 28(9):961-964.

[218] Ketokivi M, 2006. Elaborating the contingency theory of organizations: the case of manufacturing flexibility strategies[J]. Production and Operations Management, 15(2):215-228.

[219] Kirzner I M, 1979. Perception, opportunity, and profit [M]. Chicago: University of Chicago Press.

[220] Kock A, Georg G H, 2016. Antecedents to decision-making quality and agility in innovation portfolio management[J]. Journal of Product Innovation Management, 33(6): 670-686.

[221] Kogut B, Zander U, 1992. Knowledge of the firm, combinative capabilities, and the replication of technology[J]. Organization Science(3):383-397.

[222] Kondakci Y, Zayim M, Beycioglu K et al. , 2016. The mediating roles of internal context variables in the relationship between distributed leadership perceptions and continuous change behaviours of public school teachers[J]. Educational Studies, 42 (4):410-426.

[223] Kozlenkova I V, Samaha S A, Palmatier R W, 2014. Resource-based theory in marketing [J]. Journal of the Academy of Marketing Science, 42(1):1-21.

[224] Kutvonen A, 2011. Strategic application of outbound open innovation[J]. European Journal of Innovation Management(4): 460-474.

[225] Lakhani K R, 2013. Open innovation and organizational boundaries: task decomposition, knowledge distribution and the locus of innovation[M]// Grandori A. Hand book of economic organization. Northampton: Edward Elgar Publishing.

[226] Lambert S C, Davidson R A, 2013. Applications of the business model in studies of enterprise success, innovation and classification: an analysis of empirical research from 1996 to 2010[J]. European Management Journal, 31(6): 668-681.

[227] Laursen K, Salter A, 2006. Open for innovation: the role of openness in explaining innovation performance among UK manufacturing firms[J]. Strategic Management Journal, 27 (2): 131-150.

[228] Lavie D, 2006. The competitive advantage of interconnected firms: an extension of the resource-based view[J]. Academy

of Management Review, 31(3):638-658.

[229] Lawrence P R, Lorsch J W, 1967. Organization and environment[M]. Boston: Harvard Business Press.

[230] Lee H, Kelley D, 2008. Building dynamic capabilities for innovation: an exploratory study of key management practices[J]. R&D Management, 38(2):155-168.

[231] Lee J, Miller D, 1996. Strategy, environment and performance in two technological contexts: contingency theory in Korea[J]. Organization Studies, 17(5):729-750.

[232] Lee O K, Sambamurthy V, Lim K H et al. , 2015. How does IT ambidexterity impact organizational agility[J]. Information Systems Research, 26(2):398-417.

[233] Lee S, Park G, Yoon B et al. , 2010. Open innovation in SMEs-an intermediated network model[J]. Research Policy, 39(2):290-300.

[234] Leithwood K, Mascall B, Strauss T, 2009. Distributed leadership according to the evidence [M]. New York: Routledge.

[235] Lepak D P, Smith K G, Taylor M S, 2007. Value creation and value capture: a multilevel perspective [J]. Academy of Management Review,32(1):180-194.

[236] Lewis M W, Andriopoulos R C, Smith W K, 2014. Paradoxical leadership to enable strategic agility[J]. California Management Review, 56(3):58-77.

[237] Li Y, Chen H, Liu Y et al. , 2014. Managerial ties, organizational learning, and opportunity capture: a social capital perspective[J].

Asia Pacific Journal of Management, 31(1):271-291.

[238] Lichtenthaler U, 2009. Outbound open innovation and its effect on firm performance: examining environmental influences[J]. R&D Management, 39(4): 317-330.

[239] Lichtenthaler U, 2011. Open innovation: past research, current debates, and future directions[J]. The Academy of Management Perspectives, 25(1): 75-93.

[240] Lichtenthaler U, Lichtenthaler E, 2009. A capability-based framework for open innovation: complementing absorptive capacity[J]. Journal of Management Studies, 46 (8): 1315-1338.

[241] Linder M, Williander M, 2017. Circular business model innovation: inherent uncertainties[J]. Business Strategy and the Environment, 26(2): 182-196.

[242] Lindgren M, Packendorff J, 2011. Issues, responsibilities and identities: a distributed leadership perspective on biotechnology R&D management[J]. Creativity and Innovation Management(3): 157-170.

[243] Lindgren P, 2012. Business model innovation leadership: how do SME's strategically lead business model innovation[J]. International Journal of Business and Management, 7 (14): 53.

[244] Liu W, Atuahene-Gima K, 2018. Enhancing product innovation performance in a dysfunctional competitive environment: the roles of competitive strategies and market-based assets[J]. Industrial Marketing Management, 73(8):7-20.

［245］Love J H，Roper S，Bryson J R，2011. Openness，knowledge，innovation and growth in UK business services[J]. Resources Policy，40(10):1438-1452.

［246］Lumby J，2017. Distributed Leadership and bureaucracy[J]. Educational Management Administration & Leadership，47 (10):174114321771119.

［247］Luthans F，Stewart Todd I，1977. A general contingency theory of management[J]. Academy of Management Review (2):181-195.

［248］Mahoney J T，Pandian J R，1992. The resource-based view within the conversation of strategic management[J]. Strategic Management Journal，13(5): 363-380.

［249］Margerison C，1984. Chief executives' perceptions of managerial success factors[J]. Journal of Management Development (4): 47-60.

［250］Markides C，Charitou C D，2004. Competing with dual business models: a contingency approach[J]. Academy of Management Executive，18(3): 22-36.

［251］Markides C，Oyon D，2010. What to do against disruptive business models (when and how to play two cames at once) [J]. MIT Sloan Management Review (4):25.

［252］Martinez-Conesa I，Soto-Acosta P，Carayannis E. G，2017. On the path towards open innovation: assessing the role of knowledge management capability and environmental dynamism in SMEs[J]. Journal of Knowledge Management(3):553-570.

［253］Martins L L，Rindova V P，Greenbaum B E，2015. Unlocking

the hidden value of concepts: a cognitive approach to business model innovation[J]. Strategic Entrepreneurship Journal(1): 99-117.

[254] Matthyssens P, Pauwels P, Vandenbempt K, 2005. Strategic flexibility, rigidity and barriers to the development of absorptive capacity in business markets: themes and research perspectives[J]. Industrial Marketing Management, 34(6): 547-554.

[255] McGrath R G, 2010. Business models: a discovery driven approach[J]. Long Range Planning, 43(2-3):247-261.

[256] Mehra A, Smith B R, Dixon A L, 2006. Distributed leadership in teams: the network of leadership perceptions and team performance[J]. Leadership Quarterly(3):232-245.

[257] Mendel J M, Korjani M M, 2012. Charles Ragin's fuzzy set qualitative comparative analysis (fsQCA) used for linguistic summarizations[J]. Information Sciences, 202:1-23.

[258] Menguc B, Auh, 2007. Transformational leadership and market orientation: implications for the implementation of competitive strategies and business unit performance[J]. Journal of Business Research, 60(4): 314-321.

[259] Metzger J, Kraemer N, Terzidis O,2016. A systematic approach to business modeling based on the value delivery modeling language [J]// Berger E, Kuckertz A. Complexity in entrepreneurship, innovation and technology research[J]. Applications of Emergent and Neglected Methods: Springer: 245-266.

[260] Meynaud J, Bain J S, 1962. Industrial organization[J]. Revue

Conomique，13(1)：147.

[261] Mikalef P，Pateli A，2017. Information technology-enabled dynamic capabilities and their indirect effect on competitive performance：Findings from PLS-SEM and fsQCA [J]. Journal of Business Research，70：1-16.

[262] Mintzberg H，2006. The leadership debate with Henry Mintzberg：community-ship is the answer [J]. Financial Times，23(10)：2006.

[263] Morris M，Schindehutte M，Allen J，2005. The entrepreneur's business model：toward a unified perspective [J]. Journal of Business Research，58(6)：726-735.

[264] Mortara L，Minshall T，2011. How do large multinational companies implement open innovation[J]. Technovation，31 (10)：586-597.

[265] Morton N A，Hu Q，2008. Implications of the fit between organizational structure and ERP：a structural contingency theory perspective[J]. International Journal of Information Management，28(5)：391-402.

[266] Nazir S，Pinsonneault A，2012. IT and firm agility：an electronic integration perspective[J]. Journal of the Association for Information Systems(3)：150.

[267] Newbert S L，2007. Empirical research on the resource-based view of the firm：an assessment and suggestions for future research[J]. Strategic Management Journal，28(2)：121-146.

[268] Oerlemans L G，Knoben J，Pretorius M W，2013. Alliance portfolio diversity，radical and incremental innovation：the

moderating role of technology management[J]. Technovation (6/7):234-246.

[269] Ogbonna E, Harris L C, 2000. Leadership style, organizational culture and performance：empirical evidence from UK companies [J]. International Journal of Human Resource Management, 11 (4): 766-788.

[270] Osiyevskyy O, Dewald J, 2015. Explorative versus exploitative business model change：the cognitive antecedents of firm-level responses to disruptive innovation[J]. Strategic Entrepreneurship Journal, 9(1): 58-78.

[271] Osterwalder A ,2004. The business model ontology：a proposition in a design science approach[D]. Lausanne：University of Lausanne.

[272] Overby E, Bharadwaj A, Sambamurthy V, 2006. Enterprise agility and the enabling role of information technology[J]. European Journal of Information Systems(2):120-131.

[273] Ozgen E, Baron R A, 2007. Social sources of information in opportunity recognition：effects of mentors, industry networks, and professional forums[J]. Journal of Business Venturing(2):174-192.

[274] O'connor G C, Rice M P, 2001. Opportunity recognition and breakthrough innovation in large established firms[J]. California Management Review, 43(2):95-116.

[275] Parida V, Westerberg M, Frishammar J, 2012. Inbound open innovation activities in high-tech SMEs：the impact on innovation performance[J]. Journal of Small Business Management, 50(2):

283-309.

[276] Park J S, 2005. Opportunity recognition and product innovation in entrepreneurial hi-tech start-ups: a new perspective and supporting case study[J]. Technovation , 25(7):739-752.

[277] Pateli A G, Giaglis G M, 2005. Technology innovation-induced business model change: a contingency approach[J]. Journal of Organizational Change Management(2): 167-183.

[278] Pedersen E R G, Gwozdz W, Hvass K K, 2016. Exploring the relationship between business model innovation, corporate sustainability, and organisational values within the fashion industry[J]. Journal of Business Ethics,149(2):267-284.

[279] Perreault W D, Leigh L E, 1989. Reliability of nominal data based on qualitative judgments [J]. Journal of Marketing Research,26(2):135-148.

[280] Peteraf M A, Bergen M E,2003. Scanning dynamic competitive land scapes: a market-based and resource-based framework[J]. Strategic Management Journal, 24(10): 1027-1041.

[281] Phelps C C,2010. A longitudinal study of the influence of alliance network structure and composition on firm exploratory innovation [J]. Academy of Management Journal (4): 890-913.

[282] Piening E P, Salge T O, 2015. Understand ing the antecedents, contingencies, and performance implications of process innovation: a dynamic capabilities perspective [J]. Journal of Product Innovation Management, 32(1): 80-97.

[283] Pilav-Veli A, Marjanovic O, 2016. Integrating open innovation

and business process innovation: Insights from a large-scale study on a transition economy[J]. Information & Managemen (3):398-408.

[284] Podsakoff P M, MacKenzie S B, 2003. Common method biases in behavioral research: a critical review of the literature and recommended remedies[J]. Journal of Applied Psychology, 88 (5): 879.

[285] Poorkavoos M, Duan Y, Edwards J S et al. , 2016. Identifying the configurational paths to innovation in SMEs: a fuzzy-set qualitative comparative analysis [J]. Journal of Business Research, 69(12): 5843-5854.

[286] Popa S, Soto-Acosta P, Martinez-Conesa I, 2017. Antecedents, moderators, and outcomes of innovation climate and open innovation: an empirical study in SMEs[J]. Technological Forecasting and Social Change, 118:134-142.

[287] Porter M E, 1980. Competitive strategy: techniques foranalyzing industries and competitors[M]. New York: Free Press.

[288] Prahalad C K, Hamel G, 1994. Strategy as a field of study: why search for a new paradigm[J]. Strategic Management Journal, 15(S2): 5-16.

[289] Prajogo D I, 2016. The strategic fit between innovation strategies and business environment in delivering business performance[J]. InternationalJournal of Production Economics, 171:241-249.

[290] Preacher K J, Rucker D D, Hayes A F, 2007. Addressing moderated mediation hypotheses: theory, methods, and prescriptions[J]. Multivariate Behavioral Research, 42(1):

185-227.

[291] Pringle C D, Kroll M J, 1997. Why trafalgar was won before it was fought: Lessons from resource-based theory[J]. The Academy of Management Executive, 11(4): 73-89.

[292] Quick J C, Wright T A, 2011. Character-based leadership, context and consequences[J]. The Leadership Quarterly, 22 (5):984-988.

[293] Raesfeld-Meijer A M, Spin M, 2015. The effect of distributed and rotating leadership on collaborative innovation performance[R]. University of Twente.

[294] Ragin C C, 2010. Redesigning social inquiry: fuzzy sets and beyond[M]. Chicago: University of Chicago Press.

[295] Ragin C C, Drass K A, Davey S, 2006. Fuzzy-set/qualitative comparative analysis 2. 0[D]. Tucson: University of Arizona.

[296] Rajala R, Westerlund M, Möller K, 2012. Strategic flexibility in open innovation-designing business models for open source software [J]. European Journal of Marketing, 46 (10): 1368-1388.

[297] Ramos-Rodriguez Antonio-Rafael, Medina-Garrido José-Aurelio, Lorenzo-Gómez José-Daniel, Ruiz-Navarro José, 2010. What you know or who you know? The role of intellectual and social capital in opportunity recognition [J]. International Small Business Journal-Researching Entrepreneurship, 28(6): 566-582.

[298] Reuver De M, Bouwman, H, MacInnes, I, 2009. Business model dynamics: a case survey[J]. Journal of Theoretical and Applied Electronic Commerce Research (1):1-11.

[299] Ricciardi F，Zardini A，Rossignoli C，2016. Organizational dynamism and adaptive business model innovation：the triple paradox configuration[J]. Journal of Business Research，69 (11)：5487-5493.

[300] Richter M，2013. Business model innovation for sustainable energy：german utilities and renewable energy[J]. Energy Policy，62：1226-1237.

[301] Rihoux B，Ragin C C，2008. Configurational comparative methods：qualitative comparative analysis(QCA) and related techniques[M]. Thousand Oaks：Sage.

[302] Roaldsen I，2014. Dynamic capabilities as drivers of business model innovation-from the perspective of SMEs in mature industries[J]. International Journal of Entrepreneurship and Innovation Management，18(4)：349.

[303] Roberts N，Grover V，2012. Leveraging information technology infrastructure to facilitate a firm's customer agility and competitive activity：an empirical investigation[J]. Journal of Management Information Systems，28(4)：231-270.

[304] Rubera G，Chandrasekaran D，Ordanini A，2016. Open innovation，product portfolio innovativeness and firm performance：the dual role of new product development capabilities[J]. Journal of the Academy of Marketing Science，44(2)：166-184.

[305] Ruiz D M，Gremler D D，Washburn J H et al.，2008. Service value revisited：specifying a higher-order，formative measure [J]. Journal of Business Research，61(12)：1278-1291.

[306] Rumelt R P,1984. Towards a strategic theory of the firm [A]// Lamb R B. Competitive strategic management. Englewood Cliffs: Prentice-Hall.

[307] Saebi T, Foss N J, 2015. Business models for open innovation: matching heterogeneous open innovation strategies with business model dimensions [J]. European Management Journal, 33(3): 201-213.

[308] Saebi T, Lien L, Foss N J, 2017. What drives business model adaptation? the impact of opportunities, threats and strategic orientation[J]. Long Range Plann, 50(5): 567-581.

[309] Saemundsson R J, Holmén M, 2011. Yes, now we can: technological change and the exploitation of entrepreneurial opportunities[J]. The Journal of High Technology Management Research, 22(2):102-113.

[310] Sambamurthy V, Bharadwaj A , Grover V, 2003. Shaping agility through digital options: reconceptualizing the role of information technology in contemporary firms[J]. MIS Quart (2):237-263.

[311] Sambasivan M, Abdul M, Yusop Y,2009. Impact of personal qualities and management skills of entrepreneurs on venture performance in Malaysia: opportunity recognition skills as a mediating factor[J]. Technovation, 29(11): 798-805.

[312] Sanchez R,1995. Strategic flexibility in product competition [J]. Strategic Management Journal, 16(S1): 135-159.

[313] Sarasvathy S D, Dew N, Velamuri S R et al. , 2003. Three views of entrepreneurial opportunity[M]. Berlin: Springer.

[314] Sauser B J，Reilly R R，Shenhar A J，2009. Why projects fail? how contingency theory can provide new insights-a comparative analysis of NASA's mars climate orbiter loss[J]. International Journal of Project Management，27(7):665-679.

[315] Schneider C Q，Wagemann C，2010. Stand ards of good practice in qualitative comparative analysis(QCA) and fuzzy-sets[J]. Comparative Sociology(3)：397-418.

[316] Schneider M，Somers M,2006. Organizations as complex adaptive systems：implications of complexity theory for leadership research [J]. The Leadership Quarterly(4)：351-365.

[317] Schneider S，Spieth P，Clauss T，2013. Business model innovation in the aviation industry[J]. International Journal of Product Development(3-4):286-310.

[318] Schumpeter J A,1934. The theory of economic development：an inquiry into profits，capital，credit，interest，and the business cycle[M]. New Brunswick：Transaction Publishers.

[319] Scuotto V，Giudice M D，peruta MRD，2017. Knowledge driven preferences in informal inbound open innovation modes. An explorative view on small to medium enterprises [J]. Journal of Knowledge Management,21(3):640-655.

[320] Seelos C，Mair J，2007. Profitable business models and market creation in the context of deep poverty：a strategic view[J]. Academy Of Management Perspectives，21(4)：49-63.

[321] Shane S，Venkataraman S,2000. The promise of entrepreneurship as a field of research[J]. Academy of Management Review，25 (1)：217-226.

[322] Shao Z, Feng Y, Hu Q, 2016. Effectiveness of top management support in enterprise systems success: a contingency perspective of fit between leadership style and system life-cycle[J]. European Journal of Information Systems, 25(2): 131-153.

[323] Sharifi H, Zhang Z, 1999. A methodology for achieving agility in manufacturing organisations: an introduction[J]. International Journal of Production Economics, 62(1-2): 7-22.

[324] Short J C, Ketchen Jr D J, Shook C L et al. , 2010. The concept of "opportunity" in entrepreneurship research: Past accomplishments and future challenges[J]. Journal of Management, 36(1): 40-65.

[325] Sirén C A, Kohtamäki M, Kuckertz A, 2012. Exploration and exploitation strategies, profit performance, and the mediating role of strategic learning: escaping the exploitation trap[J]. Strategic Entrepreneurship Journal(1):18-41.

[326] Sisodiya S R, Johnson J L, Grégoire Y, 2013. Inbound open innovation for enhanced performance: enablers and opportunities[J]. Industrial Marketing Management, 42(5): 836-849.

[327] Smith W K, Binns A, Tushman M L, 2010. Complex business models: managing strategic paradoxes simultaneously[J]. Long Range Planning, 43(2-3): 448-461.

[328] Sosna M, Trevinyo-Rodríguez R N, Velamuri S R, 2010. Business model innovation through trial-and error learning: the naturhouse case[J]. Long Range Planning, 43 (2-3): 383-407.

[329] Souto J E, 2015. Business model innovation and business

concept innovation as the context of incremental innovation and radical innovation[J]. Tourism Manage, 51:142-155.

[330] Spieth P, Schneckenberg D, Ricart J E,2014. Business model innovation-state of the art and future challenges for the field [J]. R&D Management, 44(3): 237-247.

[331] Spillane J P, 2012. Distributed leadership[M]. Chichester: John Wiley and Sons, Ltd.

[332] Spillane J P, Camburn E M, Stitziel P A, 2007. Taking a distributed perspective to the school principal's workday[J]. Leadership and Policy in Schools(1): 103-125.

[333] Spithoven A, Clarysse B, Knockaert M, 2011. Building absorptive capacity to organise inbound open innovation in traditional industries[J]. Technovation, 31(1):10-21.

[334] Steers R M, Sanchez-Runde C, Nardon L,2012. Leadership in a global context: new directions in research and theory development[J]. Journal of World Business , 47(4): 479-482.

[335] Stefan I, Bengtsson L, 2017. Unravelling appropriability mechanisms and openness depth effects on firm performance across stages in the innovation process [J]. Technological Forecasting and Social Change, 120:252-260.

[336] Swafford P M, Ghosh S, Murthy N,2006. The antecedents of supply chain agility of a firm: scale development and model testing[J]. Journal of Operations Management, 24 (2): 170-188.

[337] Swamidass P M, Newell W T,1987. Manufacturing strategy, environmental uncertainty and performance: a path analytic

model[J]. Management Science, 33(4): 509-524.

[338] Tallon P P, Pinsonneault A,2011. Competing perspectives on the link between strategic information technology alignment and organizational agility: insights from a mediation model[J]. MIS Quart(2):463-486.

[339] Teece D J, 2010. Business models, business strategy and innovation[J]. Long Range Planning, 43(2-3): 172-194.

[340] Teece D J, Pisano G, Shuen A,1997. Dynamic capabilities and strategic management[J]. Strategic Management Journal,18 (7):509-533.

[341] Teece D J,2007b. Explicating dynamic capabilities: the nature and microfoundations of(sustainable) enterprise performance [J]. Strategic Management Journal, 28(13): 1319-1350.

[342] Teece D J, 2017a. Business models and dynamic capabilities [J]. Long Range Planning:40-49.

[343] Teece D, Peteraf M, Leih S, 2016. Dynamic capabilities and organizational agility: Risk, uncertainty, and strategy in the innovation economy[J]. California Management Review, 58 (4):13-35.

[344] Tether B S, Tajar A, 2008. Beyond industry-university links: sourcing knowledge for innovation from consultants, private research organisations and the public science-base [J]. Research Policy: A Journal Devoted to Research Policy, Research Management and Planning(6-7):37.

[345] Timmers P,1998. Business models for electronic markets[J]. Electronic Markets(2): 3-8.

[346] Tippins M J, Sohi R S, 2003. IT competencyand firm performance: is organizational learning a missing link? [J]. Strategic Management Journal(8):745-761.

[347] Trinh-Phuong T, Molla A, Peszynski K, 2010. Enterprise systems and organisational agility: conceptualizing the link [R]. ACIS 2010 Proceedings Paper, 37.

[348] Tushman M L, O'Reilly C A, 1996. Ambidextrous organizations: managing evoluionarychange[J]. California Management Review, 38(4):8-30.

[349] Tóth Z, Thiesbrummel C, Henneberg S C et al. , 2015. Understanding configurations of relational attractiveness of the customer firm using fuzzy set QCA[J]. Journal of Business Research, 68(3): 723-734. Y

[350] Ucbasaran D, Westhead P, Wright M, 2009. The extent and nature of opportunity identification by experienced entrepreneurs [J]. Journal of Business Venturing, 24(2): 99-115.

[351] Van D, Drazin R, 1984. The Concept of fit in contingency theory[J]. Administrative Science Quarterly, 30(4):514-539.

[352] Vega-Jurado J, Gutiérrez-Gracia A, Fernández-de-Lucio I, 2009. La relación entre las estrategias de innovación: coexistencia o complementariedad [J]. Journal of Technology Management & Innovation, 4(3) DOI:10. 4067/S0718-27242009000300007.

[353] Velu C, 2015. Business model innovation and third-party alliance on the survival of new firms[J]. Technovation , 35:1-11.

[354] Visnjic I, Wiengarten F, Neely A, 2016. Only the brave: product innovation, service business model innovation, and

their impact on performance[J]. Journal of Product Innovation Management, 33(1): 36-52.

[355] Visnjic K I, Van L B, 2013. Servitization: disentangling the impact of service business model innovation on manufacturing firm performance[J]. Journal of Operations Management, 31 (4): 169-180.

[356] Voelpel S C, Leibold M, Tekie E B, 2004. The wheel of business model reinvention: how to reshape your business model to leapfrog competitors[J]. Journal of Change Management(3): 259-276.

[357] Volberda H W, Bruggen V, 1997. Environmental turbulence: a look into its dimensionality [M]// Bemelmans MTA. Dynamiek in organisatie en bedrijfsvoering. Enschede: NOBO.

[358] Volberda H W, 1996. Toward the flexible form: how to remain vital in hypercompetitive environments[J]. Organization Science (4): 359-374.

[359] Vrande V, Jong J, Vanhaverbeke W et al., 2009. Open innovation in SMEs: trends, motives and management challenges[J]. Technovation, 29(6-7):423-437.

[360] Wade M, Hulland J, 2004. The resource-based view and information systems research: review, extension, and suggestions for future research[J]. MIS Quart, 28(1): 107-142.

[361] Waldman D A, Ramirez G G, House R J et al, 2001. Does leadership matter? CEO leadership attributes and profitability under conditions of perceived environmental uncertainty[J]. Academy of Management Journal(1):134-143.

[362] Wan F, Williamson P J, Yin E, 2015. Antecedents and implications of disruptive innovation: evidence from China[J]. Technovation, 39:94-104.

[363] Wander H S, Laws Comm Corporate, Law ABA Sect Business,2009. Changes in the model business corporation act-proposed amendments to incorporate electronic technology amendments[J]. Bus Lawyer (4), 1129-1155.

[364] Wang D, Guo H, Liu L, 2017. One goal, two paths: how managerial ties impact business model innovation in a transition economy[J]. Journal of Organizational Change Management, 30 (5): 779-796.

[365] Wang S, Noe R A, Wang Z,2014. Motivating knowledge sharing in knowledge management systems: a quasi-field experiment[J]. Journal of Management, 40(4):978-1009.

[366] Wei Z, Yang D, Sun B et al., 2014a. The fit between technological innovation and business model design for firm growth: evidence from China[J]. R&D Management, 44 (3): 288-305.

[367] Wei Z, Yi Y, Guo H, 2014b. Organizational learning ambidexterity, strategic flexibility, and new product development [J]. Journal of Product Innovation Management, 31(4): 832-847.

[368] West J, Salter A, Vanhaverbeke W et al., 2014. Open innovation: the next decade[J]. Research Policy, 43 (5): 805-811.

[369] Williams P, Ashill N, Naumann E,2017. Toward a contingency theory of CRM adoption[J]. Journal of Strategic Marketing, 25(5-

6)：454-474.

[370] Wirtz B W, Schilke O, Ullrich S,2010. Strategic development of business models：implications of the Web 2. 0 for creating value on the internet[J]. Long Range Planning，43(2-3)：272-290.

[371] Woodside A G，2013. Moving beyond multiple regression analysis to algorithms：calling for adoption of a paradigm shift from symmetric to asymmetric thinking in data analysis and crafting theory[J]. Journal of Business Research，66(4)：463-472.

[372] Wu J，Shanley M T,2009. Knowledge stock，exploration，and innovation：research on the United States electromedical device industry[J]. Journal of Business Research，62(4)：474-483. Y

[373] Yanan F，Bin H，Iles P et al. ，2017. Rethinking distributed leadership：dimensions，antecedents and team effectiveness [J]. Leadership and Organization Development Journal，38 (2)：284-302.

[374] Yinan Q，Tang M，Zhang M，2014. Mass customization in flat organization：the mediating role of supply chain planning and corporation coordination[J]. Journal of Applied Research and Technology，12(2)：171-181.

[375] Yousafzai S Y，Saeed S，Muffatto M,2015. Institutional theory and contextual embeddedness of women's entrep-reneurial leadership：evidence from 92 countries[J]. Journal of Small Business Management，53(3)：587-604.

[376] Yu E S K，Mylopoulos J，Lesperance Y,1996. AI models for business process reengineering [J]. IEEE Expert，11 (4)：16-23.

[377] Yukl G,1989. Managerial leadership: a review of theory and research[J]. Journal of Management(2): 251-289.

[378] Yunus M, Moingeon B, Lehmann-Ortega L, 2010. Building social business models: lessons from the grameen experience [J]. Long Range Planning, 43(2-3):308-325.

[379] Zahra S A, 2005. Entrepreneurial risk taking in family firms [J]. Family Business Review(1): 23-40.

[380] Zahra S A, Sapienza H J, Davidsson P, 2006. Entrepreneurship and dynamic capabilities: a review, model and research agenda[J]. Journal of Management Studies, 43(4): 917-955.

[381] Zain M, Rose R C, Abdullah I et al. , 2005. The relationship between information technology acceptance and organizational agility in Malaysia [J]. Inform & Management, 42 (6): 829-839.

[382] Zajac S, Gregory M E, Bedwell W L et al. , 2014. The cognitive underpinnings of adaptive team performance in ill-defined task situations: a closer look at team cognition [J]. Organizational Psychology Review(1): 49-73.

[383] Zott C, 2003. Dynamic capabilities and the emergence of intra industry differential firm performance: insights from a simulation study [J]. Strategic Management Journal (2): 97-125.

[384] Zott C, Amit R, 2008. The fit between product market strategy and business model: implications for firm performance[J]. Strategic Management Journal(1): 1-26.

[385] Zott C, Amit R, 2010. Business model design: an activity

system perspective [J]. Long Range Planning, 43 (2-3): 216-226.

[386] Zott C, Amit R, Massa L, 2011. The business model: recent developments and future research[J]. Journal of Management, 37 (4):1019-1042.